Erfahrungs-Tafeln

über

Massengehalt der in Deutschland in reinen Beständen vorkommenden Holzarten

in verschiedenem Alter für Hoch- und Niederwald

mit Angabe

des Nutzungsprozents, des Durchschnittszuwachses und Werthnutzungsprozents.

Nach den Angaben

des

Ober-Forstraths Dr. W. Pfeil

zusammengestellt

von

F. W. Schneider,
Prof. an der Königl. Preuß. höheren Forst-Lehranstalt

Berlin.
Verlag von Veit und Comp.

1843.

Erläuterungen

zu den

beigegebenen Holz-Ertragstafeln.

Um Mißdeutungen zu vermeiden, wird es nöthig sein, den Gesichtspunkt festzustellen, aus dem die nachfolgenden Ertragstafeln zu betrachten sind. Dabei wird zugleich auf dasjenige aufmerksam gemacht werden müssen, was dadurch nicht bezweckt werden soll. Sie sollen zuerst nicht die Holzmassen nachweisen, welche unter den verschiedenartigsten Verhältnissen mit Sicherheit von einem normalen Bestande in Deutschland in einem bestimmten Alter erwartet werden können. Diese können nach Boden und Clima so verschieden sein, daß man eine große Menge von Klassen bilden müßte, wenn man nur darnach alle Ertragsdifferenzen in den Ertragstafeln umfassen wollte, ungerechnet der größeren oder geringeren Ungewißheit, den möglichen Ertrag junger normaler Bestände im höheren Alter noch mit Sicherheit zu erhalten, was ebenfalls nicht unbeachtet bleiben kann. Dies wird sich am besten aus der Uebersicht ergeben, wie die verschiedenen beachtungswerthesten Schriftsteller den Ertrag der verschiedenen Holzgattungen, ausschließlich der Durchforstung, angegeben haben. Wir geben diese in Cubikfußen des jährlichen Durchschnittsertrages bei der vortheilhaftesten Umtriebszeit, da sich dabei die Vergleichung am besten machen läßt. Der Ober-Forstrath König giebt den jährlichen Durchschnittsertrag der Kiefer, ausschließlich der Durchforstung, in zehn Boden-klassen zu

79, 72, 64, 56, 48, 40, 32, 24, 16, 8 Cubikfuß an,

worin aber wohl die ganze Holzerzeugung begriffen ist.

Der Ober-Forstrath Cotta bildete zuerst *) ebenfalls 10 Boden-Klassen für die Kiefer und nahm für diese einen jährlichen Durchschnittsertrag von

65, 58, 52, 46, 40, 34, 28, 22, 16, 10 Cubikfuß an.

Später reducirte er diese 10 Klassen auf 5, welche er zu

58, 46, 35, 23, 12 Cubikfuß annimmt.

Hartig setzt den Ertrag seiner 5 Boden-Klassen ohne Durchforstung, Reis- und Stockholz zu

42, 37, 32, 27, 20 Cubikfuß an.

Klauprecht rechnet ihn im Spessart für 5 Boden-Klassen zu

55, 45, 37, 30, 27 Cubikfuß jährlich.

Der Forst-Inspector Huber will einen Durchschnittsertrag von 90—122 Cubikfuß jährlich in den Bairischen Alpen gefunden haben.

Diese Differenzen des Ertrages von 8 bis 100 Cubikfuß jährlich und noch mehr in den Erfahrungstafeln alle umfassen zu wollen, würde eine zu große Menge Boden-Klassen nöthig machen. Selbst wenn man 20 machte, wäre doch noch zwischen zweien immer eine Ertragsdifferenz von gegen 5 Cubikfuß jährlichem Durchschnittszuwachse oder bei 120 jährigem Umtriebe von 600 Cubikfuß Vorrath, was leicht nöthig machen könnte, noch eine Zwischen-Klasse einzuschieben, um die jungen Bestände richtig zu berechnen.

Die hier mitgetheilten Erfahrungstafeln sollen nun aber keinesweges die Ertragsfähigkeit des Waldbodens von ganz Deutschland, auf welchem Kiefern gebaut werden, umfassen. Sie beziehen sich nur auf eine Klasse desselben, auf den

---

*) Waldbau, 2te Auflage.

Sandboden des nördlichen und nordöstlichen Deutschlands, so weit er Meeresboden ist. Aber auch hier ist nicht einmal die ganze Holzerzeugung berechnet, denn nicht blos, daß die ganze Durchforstung nach den angegebenen Erträgen bei normalen Beständen zugesetzt werden muß, so ist in den Beständen über 60 Jahr auch alles Reisholz unter 2 Zoll, und alles Stockholz unberücksichtigt geblieben, da ersteres in den Staatsforsten beinahe nirgends benutzt wird, und letzteres bald mehr bald weniger rein gerodet wird, und deshalb sehr ungleiche Erträge liefert. Die Erfahrungstafeln geben nur die Holzmasse ausschließlich des Reis- und Stockholzes an, auf die man von regelmäßigen Beständen von 60 Jahr und darüber wirklich in diesem Boden an Scheit- und Knüppelholz wird rechnen können, wenn sich dieselben bis in das angegebene Alter voll erhalten. In dem Maaße, wie zu fürchten ist, daß dies nicht der Fall ist, werden die Erträge noch ermäßigt werden müssen.

Für den bessern Gebirgs- und fruchtbaren Lehmboden wird man andere, wie z. B. die Cotta'schen Tafeln zu Hülfe nehmen müssen, denn hier ändern sich nicht blos die Erträge überhaupt, sondern auch der Gang des Zuwachses wird ein anderer sein.

Aehnliche Bemerkungen müssen zu den Ertragstafeln für Fichten gemacht werden. Sie zeigen die Holzmassen welche man mit Sicherheit im bunten Sandsteine*) erwarten kann. Schon im Urgebirge derselben Waldgegend, in welcher dieselben entworfen sind, ändern sich diese Ertragsätze, indem man daselbst für 5 Boden-Klassen

68, 61, 52, 41, 28 Cubikfuß Durchschnittszuwachs

rechnen kann, und im Sandsteingebirge nur

63, 55, 47, 38, 26 Cubikf. Durchschnittszuwachs.

Viele Forstmänner haben aber auch noch weit höhere Erträge in Fichten gefunden als diese sind.

*) Sie sind in den Beständen des Thüringer Waldes mit großer Sorgfalt gemacht und bei der Ertragsberechnung der dortigen Preußischen Forsten angewandt worden.

Hartig, welcher seine Untersuchungen im Schlesischen Gebirge und im Harze angestellt hat, bildet danach 5 Bodenklassen und giebt ihnen ohne Durchforstung

79, 70, 60, 52, 34 Cubikfuß Durchschnittszuwachs.

König nimmt diesen für 10 Ertragsklassen zu

88, 79, 70, 61, 52, 44, 35, 26, 17, 9 Cubikfuß an.

Cotta in seinen ersten Erfahrungstafeln hat auch 10 Klassen mit

66, 60, 53, 47, 40, 34, 28, 22, 15, 9 Cubikfuß Durchschnittszuwachs.

Später hat er diese in 5 mit

58, 47, 35, 23, 12 Cubikfuß zusammengezogen.

Der Sigmaringen'sche Oberforstmeister Karl nimmt sogar einen Durchschnittsertrag von 155 Cubikfuß jährlich für die beste Bodenklasse an.

Aber auch viele andere Forstmänner haben einen Ertrag von mehr als 90, 120 Cubikfuß und darüber in normalen Fichtenbeständen der bessern Bodenklassen gefunden. *) Es liegt daher klar vor Augen, daß eine Erfahrungstafel, die auf der einen Seite alle Ertragsdifferenzen der Fichtenbestände in ganz Deutschland umfassen, auf der andern doch aber auch die Klassen so enthalten sollte, daß keine zu große Differenz zwischen mit einander grenzenden läge, mindestens 25 und selbst 30 Klassen enthalten müsse; denn zwischen 9 und 155 Cubikfuß jährlichen Durchschnittsertrags liegt eine Holzmasse von 14600 Cubikfuß für den Preußischen Morgen, im 100jährigen Alter. Dagegen dürfte sich der Gang des Zuwachses im höhern Alter mehr auf allen Bodenklassen gleich bleiben.

Wenn wir nun aber annehmen, daß in den gegebenen beiden Erfahrungstafeln der Gang des Zuwachses für Kiefern und Fichten richtig dargestellt ist, — und wenn

*) Siehe darüber Kritische Blätter für Forstwissensch. 8. Bd. 1. Hft. S. 92.

wir die erstere Holzgattung blos auf Sandboden betrachten, so glauben wir dies, — so scheint es auch nicht nöthig zu sein, die Zahl der Bodenklassen so weit zu vermehren, als es nöthig wäre, um alle möglichen Ertragsdifferenzen darin zu umfassen. Wenn man dann nur einige normale Bestände im benutzbaren Alter von 50, 60, 70 und mehr Jahren vorfindet, so wird man sich aus der Holzmasse, die sie enthalten, sehr leicht die Abtriebserträge berechnen können, wenn man denselben Gang des Zuwachses annimmt. Nur muß man dabei allerdings bedingen, daß diejenigen normalen Bestände, die man zum Anhalte nimmt, hinsichtlich ihres Alters nicht zu weit vom Benutzungsalter abliegen. Aus der Holzmasse eines 60jährigen Kiefernortes wird man dann mit ziemlicher Sicherheit bei allen Bodenarten, in denen derselbe Gang des Zuwachses stattfindet, auf die Holzmasse schließen können, die ein 80= oder 90jähriger Bestand hat, aber freilich oft nicht mehr mit Sicherheit auf die, welche man von dem 120jährigen erwarten kann. Dazu würde man schon einen 80= bis 90jährigen normal bestandenen Ort haben müssen.

Ein 60jähriger Ort in der zweiten Bodenklasse soll 1885 Cubikfuß enthalten, ein solcher in der dritten 1480, und der erste dann im 90jährigen Alter 2774 Cubikfuß, der zweite 2141 Cubikfuß geben. Fände man nun einen 60jährigen Bestand, der 1682 Cubikfuß Masse enhält, also zwischen beiden mitten inne stände, so würde man ihn auch wohl mit Grund im 90sten Jahre mit 2457 Cubikfuß berechnen können.

Der Fichtenboden 1ster Klasse ist hier mit 3864 Cubikfuß im 70sten und 6160 Cubikfuß im 100sten Jahre angesetzt. Fände man nun einen Bestand, der mit 70 Jahren, nach herausgenommener Durchforstung 4000 Cubikfuß enthält, so würde man den 100jährigen Abtriebsertrag auch wohl zu 6377 Cubikfuß berechnen können.

So werden überall, wo man einen gleichen Gang des Zuwachses annehmen kann, diese Erfahrungstafeln benutzt werden können, um neue Ertragsklassen nach der gefundenen

Holzmasse einzelner normaler Bestände zu bilden. Sie können aber natürlich dabei nur ganz falsche Resultate liefern, wenn der Gang des Zuwachses ein anderer ist. Dieselbe Holzmasse im 60jährigen Alter giebt im Sandboden, wo sich die Kiefer frühzeitig licht stellt, in 100 Jahren einen geringern Vorrath als im Lehmboden, wo sie sich geschlossen erhält. Die Erfahrungstafeln für Eichenhochwald sind ganz weggeblieben. Die Gründe dafür sind folgende:

Die Erträge der hohen Umtriebszeiten von 200 und mehr Jahren, wie sie früher wohl gegeben wurden, können weder auf örtlichen Untersuchungen wirklich gefundener Holzmassen beruhen, noch kann man von den Zahlen, die sie nachweisen, irgend einen vernünftigen Gebrauch machen. Reine Eichenbestände von 160 Jahren und darüber sind in ganz Deutschland im normalen Zustande gar nicht mehr, und am allerwenigsten auf den schlechteren Bodenklassen zu finden; diese Tafeln können also nicht auf Holzmassen, wie sie wirklich in der Natur erfolgen und vorgefunden wurden, sich gründen, sondern nur bloße Rechnungszahlen enthalten. Dann wird man aber auch besser thun, bei ältern Eichenbeständen, bei der Taxation sich an die vorhandene Masse und deren Zuwachs zu halten, als an die Erfahrungstafeln, um ihren künftigen Ertrag für die nächste Zeit zu bestimmen. Für junge Bestände, die erst in der Zukunft benutzt werden sollen, kann man aber auch allenfalls die Ertragstafeln der Buche benutzen, um gutachtlich ihren Ertrag voraus zu bestimmen. Die verschiedenen Schriftsteller, welche für beide Holzgattungen Ertragssätze gegeben haben, bestimmen diese ziemlich gleichmäßig in folgender Art:

König für 6 Bodenklassen in Preußischen Cubikfuß für den Morgen

Eichen	50.	43.	38.	33.	28.	24.	Durchschnittsertrag.
Buchen	48.	45.	40.	35.	30.	25.	

Cotta für 5 Bodenklassen

Eichen	38.	31.	23.	15.	8.	} neuere Ertragstafeln.
Buchen	37.	30.	22.	15.	8.	

Hartig für 5 Bodenklassen:

Eichen	32.	29.	25.	25.	20.
Buchen	29.	26.	26.	23.	18.

Dies gilt allerdings wohl nur für Gebirgsboden, denn in dem bessern Flußboden gewährt die Eiche oft einen viel größern Zuwachs, als hier angegeben, und es kann dieser hier 60 bis 70 und mehr Cubikfuß erreichen. Dies läßt sich aber nur von jüngeren Beständen bis 60 und 70 Jahr alt nachweisen, die älteren geschlossenen fehlen, und man kann noch nicht bestimmt sagen, wie sich die Eiche im höheren Alter licht stellt, und der Zuwachs sinkt.

Fügt man hierzu noch, daß die Eiche überhaupt in Zukunft schwerlich in reinen Beständen in größerer Ausdehnung gezogen werden wird, sondern mehr in der Vermischung mit andern Holzarten, da sie sich in dieser in jeder Beziehung vortheilhafter stellt, so wird es sich wohl rechtfertigen, wenn hier keine Erfahrungstafeln für Eichen gegeben wurden.

Auch die Buche schwankt im Ertrage nach der Bodengüte und dem Klima ungemein. Auf dem besten Kalkboden in Süddeutschland werden Erträge bis zu 70 und 80 Cubikfuß jährlich nachgewiesen. *) In den Vorbergen des Harzes und dessen Umgebungen hat man einen Durchschnittsertrag von 126 Cubikfuß **) vom Kalenberger Waldmorgen oder 74 Cubikfuß nach Preußischem Maße bei voller Benutzung nachgewiesen. Es nehmen für die Buche Ertrag an:

Klauprecht	60.	50.	40.	30.	21½.
Klein	54.		40.		
Seutter	70.	80.			
Hundeshagen	59.	53.	48.	43.	
Linz	55.	50.			
Wedekind	65.	60.			

Die hier beigegebenen Ertragstafeln werden die Mittelsätze des Ertrags geben, wie sie gewöhnlich in Norddeutschland vorkommen.

*) Siehe Kritische Blätter 8. Bd. 1. Heft S. 112.

**) Herr Oberförster von Berg in Lauterberg.

Für Tannen, Lerchen, Ahorn, Ulmen, Eschen und Hainbuchen sind gar keine Erfahrungstafeln gegeben. Einmal, weil in der That wohl die Bestände fehlen, in denen sie für verschiedene Bodenklassen mit Zuverlässigkeit entworfen werden könnten, und dann auch, weil wohl zu wenig reine junge Bestände in Deutschland von diesen Holzgattungen gefunden werden, um sie zu bedürfen. Ostpreußen bedarf allerdings solcher vielleicht für Hainbuchen und Eschen, die dort herrschende Laubhölzer sind; diese müssen aber auch dort noch erst entworfen werden.

Uebrigens wird man bequem die Tanne der Fichte, die Ulme, Esche, den Ahorn, der Eiche oder Buche, mit denen sie gewöhnlich vermischt vorkommen, anschließen können, obgleich nicht zu bestreiten ist, daß der Gang des Zuwachses in ihnen ein anderer ist. Wird die Hainbuche in der Durchforstung aus der Buche oder Eiche gehauen, so kann man die Durchforstungssätze dieser Holzgattungen unbedenklich beibehalten. Bildet sie einen Theil der Abtriebserträge im 100- bis 120jährigen Alter, so wird dieser für sie um vielleicht 8 bis 12 Procent gegen Buche und Eiche ermäßigt werden müssen — je besser der Boden ist desto mehr.

Die Lerche ist in ihrer Holzproduction nach dem Standorte ungeheuer verschieden, und auch der Gang des Zuwachses ein unendlich abweichender. Allgemeine Erfahrungstafeln für sie zu geben, dürfte daher sehr gewagt sein. Man wird nur die an Ort und Stelle über ihren Ertrag gemachten Erfahrungen benutzen können, um denjenigen der jungen Bestände vorauszubestimmen.

Die übrigen Erfahrungstafeln für Birken-Hochwald, so wie für Erlen-, Linden-, Buchen-, Hainbuchen- und Haseln-Niederwald, weichen im Gange des Zuwachses und im Verhältnisse des Ertrages gegen den Hochwald bedeutend von den bisher angenommenen Ertragssätzen ab. Besonders wird es auffallen, daß der Zuwachs vorzüglich bei Birken und weichen Hölzern schon so früh sinkt und der Vorrath sich sehr wenig vermehrt. Der Verfasser glaubt aber, daß die Erfahrungstafeln, welche dies anders darstellen, wenigstens für Sandboden falsch sind und hier beides richtiger dargestellt ist, wenn er auch natürlich nicht vermeint, daß in ihnen alle Differenzen des Ertrages umfaßt sind, und sie für alle andere Standortsverhältnisse passen. Einwände gegen den hier dargestellten Gang des Zuwachses würde er nur gelten lassen, wenn sie sich auf genaue örtliche Untersuchungen stützen.

Was die Sortimente betrifft, in welchen die hier angegebenen Holzmassen erfolgen werden, so läßt sich darüber wenig sagen.

Die Menge des Nutzholzes wird durch den Absatz und Wuchs des Holzes bedingt, und sie kann sich auf wenige Procente der gesammten Holzmasse beschränken, in geschlossenen Nadelholzbeständen von gutem Wuchse aber auch wohl bis auf 70 Procent ausdehnen.

Das Verhältniß des Scheit-, Knüppel- und Reisholzes ändert sich nicht blos nach dem Alter des Holzes, dem geschlossnen oder räumlichen Stande, in dem es erwuchs, fortwährend ab, sondern auch die Art des Einschlages ist sehr abweichend. In den Staatsforsten der östlichen Provinzen Preußens wird von dem Nadelholze in der Regel gar kein Reisholz unter 3 Zoll Durchmesser benutzt, und deshalb ist auch der Reisholzertrag der alten Bestände in den beigegebenen Erfahrungstafeln nicht mit aufgenommen. Wo der Baum dagegen voll benutzt und das Reisholz eingeschlagen wird, kann man die darin angegebenen Holzmassen für Fichten und Kiefern in geschlossenen Beständen

im Alter von 60—80 Jahren um 10 Procent,
„ „ „ 80—100 „ „ 8 „
„ „ „ 100—120 „ „ 6—7 „

erhöhen.

Junge Nadelholzbestände unter 50 bis 60 Jahren können nur mit Vortheil benutzt werden, wenn alles Reisholz in ihnen absetzbar ist, und ist daher auch bei ihnen in Rechnung gestellt. Es konnte bei den ältern Beständen unbeachtet bleiben, ohne daß ein wesentlicher Einfluß auf die Darstellung des Ganges des Zuwachses dadurch erfolgte, weil die Holzerzeugung im Reisholze im höhern Alter des Nadelholzes nur sehr gering ist, und das Verhältniß des jährlichen Zuwachses zur vorhandenen Holzmasse in einem Baume ziemlich dasselbe bleibt, ob man dabei das Reisholz berücksichtigt oder nicht.

Bei dem Laubholze ist das Verhältniß zwischen Reisholz und Knüppelholz sehr ungleich. Die Eiche hat nur wenig schwache und mehr starke Zweige, bei der Hainbuche, Buche, Birke sind diese mehr ruthenförmig und fallen deshalb mehr in die Reißiggebunde. Auch hängt es natürlich sehr davon ab, wie das Holz aufgearbeitet wird, und ob man mehr oder weniger schwaches oder starkes Holz zu dem einen oder dem andern Sortimente verwendet.

Noch weniger kann man aber ein bestimmtes Verhältniß zwischen dem Stockholze und dem Schaft-, Knüppel- und Reisholze angeben. Zuerst sind die Holzgattungen darin sehr verschieden, da die Fichte z. B. wohl leicht noch einmal so viel Wurzelholz haben mag wie die Birke. Dann wird das Holz aber auch sehr ungleich gehauen, gerodet und gesetzt. Bald läßt man den Stamm länger stehen, bald kürzer, bald werden die Wurzeln mehr, bald weniger rein gerodet, und dann ist auch die Holzmasse in den Klaftern sehr ungleich. Es ist daher besser, die örtlichen Erfahrungssätze bei Veranschlagung des Stockholzertrages zum Grunde zu legen, als daß man ihn nach Erfahrungstafeln bestimmt.

Folgende Tabelle wird das Verhältniß des Kloben-, Knüppel- und Reisholzes bei voller Benutzung für haubares Holz ungefähr angeben. Es sind dabei 5 Klassen des Baumholzes gemacht, je nachdem es sehr geschlossen oder mehr frei erwuchs und also die Schaftholzmasse mehr oder weniger dominirend ist. Dasselbe ändert sich übrigens nicht blos nach dem Alter des Holzes, sondern auch nach der Länge des Baumes, die wieder sehr durch den Standort bedingt wird.

Holz-gattung.	Umtrieb.	Klasse.	Procente d. oberirdisch. Holzmasse. Kloben- Holz.	Knüppel- Holz.	Reis- Holz.	
Eiche	160	I.	0,79	0,15	0,06	Das reingerodete Stockholz kann 15 bis 20 Procent der oberirdischen Holzmasse betragen.
		II.	0,72	0,18	0,10	
		III.	0,68	0,21	0,11	
		IV.	0,61	0,25	0,14	
		V.	0,60	0,25	0,15	
Buche	120	I.	0,76	0,12	0,12	Der Stockholzertrag ist gewöhnlich wegen der vielen schwachen Wurzeln etwas geringer als bei der Eiche.
		II.	0,70	0,15	0,15	
		III.	0,64	0,18	0,18	
		IV.	0,58	0,21	0,21	
		V.	0,53	0,24	0,23	
Birke	60	I.	0,82	0,04	0,14	Das Stockholz beträgt nur 10 bis 12 Procent der oberirdischen Holzmasse.
		II.	0,80	0,05	0,15	
		III.	0,76	0,07	0,17	
		IV.	0,72	0,09	0,19	
		V.	0,70	0,10	0,20	
Fichte	120	I.	0,96	0,04		Reisholz ist in der Erfahrungstafel nicht gerechnet. Das Stockholz kann 20 bis 28 Procent der oberirdischen Holzmasse betragen.
		II.	0,95	0,05		
		III.	0,94	0,06		
		IV.	0,93	0,07		
	100	V.	0,91	0,09		
Kiefer	120	I.	0,92	0,08		Das Stockholz kann 18 bis 22 Procent betragen.
		II.	0,90	0,10		
		III.	0,88	0,12		
		IV.	0,85	0,15		
	100	V.	0,84	0,16		

In diesen Erfahrungstafeln sind nirgends die Durchforstungserträge beachtet, welche doch so wichtig sind und so große Holzmassen liefern. Der Grund, warum blos die Abtriebserträge berücksichtigt wurden, ist ein doppelter. Einmal der, daß man die nachhaltige Benutzung eines Waldes eigentlich immer nur auf die Abtriebserträge gründen und die Durchforstung blos diesen für die gegenwärtige Zeit, wo man die Größe derselben genau übersehen kann, zurechnen sollte, in welchem Falle man die Vorausbestimmung derselben nach den Erfahrungstafeln also gar nicht erst nöthig hat. Dann aber auch, daß sie so unendlich verschieden sein können, und dabei auch oft so unsicher sind, daß es schwer, wo nicht unmöglich ist, solche Zahlen zu geben, wodurch die von ihnen zu erwartende Holzmasse mit Sicherheit vorausbestimmt wird.

Abgesehen davon, daß das Verhältniß des Abtriebsertrages zu den Durchforstungserträgen ein sehr verschiedenes nach den Holzgattungen ist, was allerdings die Erfahrungstafeln nachweisen könnten, so ändern sich dieselben aber auch vielfach bei ein und derselben Holzgattung nach einer Menge von Verhältnissen, die sich kaum alle aufführen lassen. Nur auf die wichtigsten soll hier aufmerksam gemacht werden, um die Richtigkeit dieser Behauptung darzuthun.

1. Je mehr Boden und Klima den geschlossenen Stand des Holzes bis in das höhere Alter begünstigen, desto größer werden die Abtriebserträge und desto kleiner die Erträge der Durchforstung sein. Umgekehrt wachsen diese in dem Maße mehr im Verhältniß zu den Abtriebserträgen, jemehr die Bestände Neigung zur Lichtstellung zeigen.

2. Darin liegt es denn auch, daß die Durchforstung einen desto größeren Theil der summarischen Erzeugung bildet, je länger der Umtrieb ist, einen desto kleinern je früher der Bestand zur vollen Benutzung kommt. In Birken bei 80- bis 100jährigem Umtrieb beträgt die Durchforstung, wenn sie voll benutzt wird, vielleicht 0,60 bis 0,75 der gesammten Holzerzeugung. Darin liegt es denn auch, daß hier auf schlechtem Boden eine unverhältnißmäßig geringe Vermehrung des Vorrathes erfolgt, und der Durchschnittszuwachs so rasch und so stark sinkt, wenn man blos die Abtriebserträge durch die Jahre des Alters theilt. Eine Fichtenpflanzung von einzelnen Pflanzen zeigt in demselben Alter ein ganz anderes Verhältniß des Ertrages der Abtriebsschläge zu denen der Durchforstung.

3. Der mehr oder weniger geschlossene Stand ist darauf ebenfalls von großem Einflusse. Daß eine dichte Saat mehr Durchforstungsholz liefert wie eine 6fußige Verbandpflanzung, eine Fichtenbüschelpflanzung mehr als einzelne Pflanzen, fällt in das Auge. Dabei können aber deren Abtriebserträge wenig verschieden sein.

4. Der Zustand eines Bestandes kann ebenfalls auf die Menge des Durchforstungsholzes Einfluß haben. Eine Buchenschonung in der Jugend mit viel Weichholz durchsprengt, giebt mehr als eine solche nur hart Holz habend, ein in Hochwald umzuwandelnder Ausschlagwald mehr als ein Bestand aus Samen erwachsen.

5. Sehr entscheidend ist darin der frühere oder spätere Beginn der Durchforstung, die öftere oder seltenere Wiederholung derselben. Wo man schon mit dem zwanzigsten Jahre alles entbehrlich werdende Holz benutzt, kann man natürlich auf mehr rechnen, als wo man erst mit dem sechszigsten anfängt; eben so wie man da mehr erhält, wenn man jede einzelne Stange so wie sie trocken oder überflüssig wird, einschlägt, als da wo man nur alle 20 oder 30 Jahre eine allgemeine Durchhauung vornehmen kann.

6. Man kann den Grundsatz haben, nur das ganz unterdrückte Holz, was schon abstirbt, herauszunehmen, oder auch den, jedem einzelnen Baume, der den künftigen Bestand bilden soll, den vollen Wachsraum zu verschaffen. Die Holzmasse, welche das eine Verfahren liefert, wird sehr verschieden von der sein, die man bei dem andern erhält.

7. Man kann mit weit weniger Sicherheit auf den vollen Durchforstungs- als auf den Abtriebsertrag rechnen.

Eine absterbende Stange wird leichter gestohlen, wie ein dominirender Baum. Servituten und Dieberei äußern daher weit größern Einfluß auf die Durchforstungs-, wie auf die Abtriebserträge.

Hiernach wird in das Auge fallen:

wie wenig man im Stande ist, allgemeine Sätze zu geben, nach denen man im Stande ist, die wahrscheinlichen Holzmassen, welche die Durchforstung liefern wird, durch die Erfahrungstafeln voraus zu bestimmen —

wie unzulässig es ist, die Nachhaltigkeit zum größten Theil durch diese, von Beständen, die noch gar nicht vorhanden sind, zu decken, wie dies Hartig that —

wie unverantwortlich ein Taxator handelt, der dies

thut, da gar keine Nothwendigkeit dazu vorhanden ist, indem man sie bei jeder doch unvermeidlich werdenden Taxationsrevision nach dem wirklichen Zustande der Bestände jedesmal den Abtriebserträgen zurechnen kann.

Doch mögen hier noch einige Nachweisungen von der verschiedenen Holzmasse, welche die Durchforstung liefern kann, folgen, um das Gesagte zu bestätigen.

Nach den Untersuchungen, welche Hartig im 7ten Bande seines Archivs S. 46 über den vollen Ertrag eines normal bestandenen Kiefernortes auf gutem Boden mittheilt, beträgt ausschließlich des Stockholzes der Abtriebsertrag eines 120jährigen Bestandes 5000 Cubikfuß, die Durchforstung bis dahin 2090 Cubikfuß, folglich diese etwa 42 Procent des Abtriebsertrages oder 29 Procent der summarischen Erzeugung.

In den Erfahrungstafeln, welche Hartig entwarf, ist das Verhältniß der Durchforstung zu dem Abtriebsertrage bei drei Bodenklassen, guter, mittler und schlechter Boden, in folgender Art angenommen.

Holzgattung.	Bodenklasse.	Umtriebszeit.	Ein Morgen giebt Cubikfuß		Die Durchforstung beträgt Procente		Die Durchforstung beginnt
			Abtriebsertrag.	Durchforstung.	des Abtriebsertrages.	der gesammt. Erzeugung.	
Kiefer	I.	120	5000	1280	0,26	0,20	mit 60 Jahren.
	II.	120	3900	1010	0,26	0,21	
	III.	100	2000	702	0,35	0,26	
Fichte	I.	120	9500	2520	0,27	0,21	mit 30 Jahren.
	II.	120	7250	1540	0,21	0,18	
	III.	100	3400	840	0,25	0,20	
Eiche	I.	200	4125	4500	1,09	0,52	mit 60 Jahren.
	II.	200	3375	3630	1,08	0,52	
	III.	120	2425	445	0,18	0,16	
Buche	I.	120	4100	1010	0,25	0,20	mit 60 Jahren.
	II.	120	3400	865	0,25	0,20	
	III.	100	1925	220	0,11	0,10	
Birke	I.	60	2650	210	0,08	0,07	mit 40 Jahren.
	II.	60	1900	140	0,07	0,07	
	III.	60	1400	70	0,05	0,05	

Holz-gattung.	Bodenklasse.	Umtriebszeit.	Ein Morgen giebt Cubikfuß Ab-triebs-ertrag.	Ein Morgen giebt Cubikfuß Durch-for-stung.	Die Durchforstung beträgt Procente des Ab-triebs-ertra-ges.	Die Durchforstung beträgt Procente der ge-sammt. Erzeu-gung.	Die Durchforstung beginnt
Eichen	Mittelmäßiger Boden.	120	3458	1009	0,29	0,23	Nach Königs Forsttafeln S. 119.
Buchen		100	3000	900	0,30	0,23	
Birken		50	1140	180	0,16	0,14	
Fichten		100	5280	1320	0,25	0,20	
Kiefern		80	3480	720	0,21	0,17	
Eichen	Sehr gut.	120	5184	1512	0,29	0,23	Nach König.
Buchen		100	4500	1350	0,30	0,23	
Birken		50	1520	240	0,16	0,14	
Fichten		100	8100	2250	0,28	0,22	
Kiefern		100	7920	1980	0,25	0,20	

Wollte man nach den hier gegebenen Erfahrungstafeln den Etat entweder nach dem Durchschnittszuwachse, oder dadurch festsetzen, daß man den Vorrath mit dem Nutzungsprocente multiplicirte, so würde natürlich beides um die Durchforstung erhöhet werden müssen.

Wollte man die hier gegebenen Abtriebs- und Durchforstungserträge beibehalten, so würde sich der Ertrag der hier aufgeführten Holzarten nach drei Bodenklassen in folgender Art ändern, je nachdem man die Durchforstung zurechnet oder wegläßt:

Uebersicht

der Durchschnittserträge und der Nutzungsfaktoren des Hochwaldes,

je nachdem man die Durchforstungen hinzurechnet oder wegläßt.

Holzgattung.	Umtriebszeit.	Iste Bodenklasse.				Umtriebszeit.	IIIte Bodenklasse.				Umtriebszeit.	Vte Bodenklasse.				Bemerkungen.
		Ohne Durchforstung.		Mit Durchforstung.			Ohne Durchforstung.		Mit Durchforstung.			Ohne Durchforstung.		Mit Durchforstung.		
		Durchschn. Zuwachs. Cbfß.	Nutzungs-Faktor.	Durchschn. Zuwachs. Cbfß.	Nutzungs-Faktor.		Durchschn. Zuwachs. Cbfß.	Nutzungs-Faktor.	Durchschn. Zuwachs. Cbfß.	Nutzungs-Faktor.		Durchschn. Zuwachs. Cbfß.	Nutzungs-Faktor.	Durchschn. Zuwachs. Cbfß.	Nutzungs-Faktor.	
Buchen	120	44	0,01906	55	0,02382	120	29,4	0,01906	36,7	0,02382	100	14,2	0,02336	15,8	0,02593	
Birken	60	45	0,03004	48,6	0,03244	60	20,9	0,02545	22,4	0,02723	60	5	0,02081	5,2	0,02185	
Kiefern	120	33,9	0,01588	42,7	0,02001	120	21,8	0,01555	27,5	0,01959	100	10,5	0,01837	14,2	0,02480	
Kiefern	100	35,7	0,01995	41,8	0,02334	100	23,1	0,01947	27	0,02278	80	11,3	0,02421	12	0,02566	Durchforst. resp. 17, 17 u. 6% nach Hartig.
Fichten	120	63,5	0,01846	80,6	0,02344	120	47	0,01851	56,9	0,02240	100	26	0,01997	32,5	0,02496	
Fichten	100	61,6	0,02246	75,2	0,02740	100	46,1	0,02287	54,9	0,02722	80	28,7	0,02857	32,7	0,03257	Durchforst. resp. 22, 19 u. 14% nach Hartig.

Das Hinzurechnen der Durchforstung nach den Erfahrungstafeln bleibt aber immer etwas Unsicheres und Gewagtes, und es verdient unbedingt den Vorzug immer nur, man setze den Etat fest wie man wolle, ihn auf die Abtriebserträge zu gründen, und die Durchforstung nur nach wirklicher Schätzung für die nächste Zeit, für die man ihren Ertrag übersehen kann, diesen hinzuzurechnen.

In den frühern von dem Verfasser aufgestellten Erfahrungstafeln war er der Idee gefolgt, das Maximum und Minimum der gesammten Holzerzeugung, wie man sie in Deutschland, bei voller Benutzung derselben, gefunden hatte, zu umfassen. Dies hat ihm viele Angriffe, besonders vom Herrn Oberforstmeister Smalian zugezogen, der dies Maximum zu hoch fand, weil ihm jede Literatur außer der mathematischen eben so fremd ist, als die Natur des Holzes selbst, die sich nicht in Formeln zwingen läßt, in denen er allein lebt.

Die oben angeführten Erträge, wie sie die verschiedenen beachtungswerthesten Schriftsteller angeben, zeigen genugsam, wenn man sie mit jenen Erfahrungstafeln vergleicht, daß sie noch lange nicht das Maximum der wirklich gefundenen Holzerzeugung enthalten, und in sofern ein Einwand gegen sie ganz unbegründet war. Dagegen hat sich der Verf. seit den 25 Jahren, wo er sie für sich entwarf, überzeugt, daß der in ihnen angedeutete Gang des Zuwachses, welcher derselbe ist, den alle unsere berühmtesten Schriftsteller annehmen, nicht immer richtig war, und er ist demgemäß auch hier geändert worden. Ebenso ist er auch zu der Ueberzeugung gelangt, daß es ganz unausführbar ist, Erfahrungstafeln zu geben, die jeder Forstwirth in ganz Deutschland ohne Weiteres benutzen könne, indem er sich die passende Bodenklasse aussucht. Er hat sich daher beschränkt, mehr Beispiele geben zu wollen, wie sich die Holzerzeugung bei den verschiedenen Holzarten auf verschiedenem Boden stellt, und macht die Forderung, daß die Holzmassen, welche man von normalen Beständen zu erwarten hat, für jeden Forst durch örtliche Untersuchungen bestimmt werden müssen.

Die speciellen Berechnungen hat der Herr Professor Schneider die Güte gehabt zu übernehmen, der Verfasser erklärt sich aber verantwortlich für die allgemeinen Ertragssätze und den angenommen Zuwachsgang.

Tafel 1.

Buchen-Hochwald (nach Cotta).

I. Bodenklasse. (Gut.)

Alter.	Holzmasse. Cbfß.	Durchschnittszuwachs, Zuwachsprocent, normaler Vorrath und Nutzungsfaktor.	Alter.	Holzmasse. Cbfß.	Durchschnittszuwachs, Zuwachsprocent, normaler Vorrath und Nutzungsfaktor.
1	6		31	821	
2	15		32	862	
3	27		33	904	
4	41	Im 10ten Jahre:	34	946	Im 40sten Jahre:
5	56	Durchschn.-Zuw. 15,2 C'	35	988	Durchschn. Zuw. 30 C'
6	73	Zuwachsprocent 16,9	36	1030	Zuwachsprocent 3,6
7	91	Norm. Vorrath 701 C'	37	1073	Norm. Vorrath 19909 C'
8	110	Nutzungsfaktor 0,21683	38	1116	Nutzungsfaktor 0,06027
9	130		39	1158	
10	152		40	1200	
11	175		41	1242	
12	199		42	1285	
13	224		43	1328	
14	251	Im 20sten Jahre:	44	1372	Im 50sten Jahre:
15	279	Durchschn.-Zuw. 21,4 C'	45	1417	Durchschn.-Zuw. 33 C'
16	308	Zuwachsprocent 7,8	46	1462	Zuwachsprocent 2,4
17	337	Norm. Vorrath 3666 C'	47	1508	Norm. Vorrath 34327 C'
18	367	Nutzungsfactor 0,11675	48	1555	Nutzungsfaktor 0,04801
19	397		49	1601	
20	428		50	1648	
21	459		51	1695	
22	492		52	1743	
23	526		53	1790	
24	559	Im 30sten Jahre:	54	1837	Im 60sten Jahre:
25	593	Durchschn. Zuw. 26 C'	55	1885	Durchschn.-Zuw. 35,5 C'
26	628	Zuwachsprocent 5,4	56	1934	Zuwachsprocent 2,4
27	664	Norm. Vorrath 9811 C'	57	1983	Norm. Vorrath 53434 C'
28	702	Nutzungsfaktor 0,07960	58	2031	Nutzungsfactor 0,03984
29	741		59	2080	
30	781		60	2129	

Fortsetzung.

(Buchen-Hochwald. I.)

Alter.	Holzmasse. Cbfß.	Durchschnittszuwachs, Zuwachsprocent, normaler Vorrath und Nutzungsfaktor.	Alter.	Holzmasse. Cbfß.	Durchschnittszuwachs, Zuwachsprocent, normaler Vorrath und Nutzungsfaktor.
61	2179		91	3747	
62	2229		92	3801	
63	2279	Im 70sten Jahre:	93	3856	Im 100sten Jahre:
64	2328	Durchschn.-Zuw. 37,6 C'	94	3910	Durchschn.-Zuw. 42,4 C'
65	2377	Zuwachsprocent 1,9	95	3964	Zuwachsprocent 1,3
66	2427	Norm. Vorrath 77467 C'	96	4018	Nrm. Vorrath 181013 C'
67	2478	Nutzungsfaktor 0,03394	97	4073	Nutzungsfaktor 0,02340
68	2528		98	4127	
69	2579		99	4181	
70	2629		100	4236	
71	2680		101	4290	
72	2731		102	4344	
73	2782	Im 80sten Jahre:	103	4397	Im 110ten Jahre:
74	2834	Durschn.-Zuw. 39,4 C'	104	4450	Durchschn.-Zuw. 43,3 C'
75	2887	Zuwachsprocent 1,7	105	4502	Zuwachsprocent 1,1
76	2939	Nrm. Vorrath 106609 C'	106	4555	Nrm. Vorrath 226295 C'
77	2992	Nutzungsfaktor 0,02958	107	4608	Nutzungsfaktor 0,02105
78	3045		108	4660	
79	3099		109	4712	
80	3153		110	4764	
81	3207		111	4816	
82	3261		112	4868	
83	3314	Im 90sten Jahre:	113	4920	Im 120sten Jahre:
84	3368	Durchschn.-Zuw. 41 C'	114	4971	Durchschn.-Zuw. 44 C'
85	3422	Zuwachsprocent 1,5	115	5023	Zuwachsprocent 0,9
86	3476	Nrm. Vorrath 141100 C'	116	5075	Nrm. Vorrath 276774 C'
87	3529	Nutzungsfaktor 0,02617	117	5126	Nutzungsfactor 0,01906
88	3583		118	5177	
89	3638		119	5227	
90	3693		120	5276	

Tafel 2.

Buchen-Hochwald.

II. Bodenklasse. (Ziemlich gut.)

(I. neue, IX. alte Cott. Klasse.)

Alter.	Holzmasse. Cbfß.	Durchschnittszuwachs, Zuwachsprocent, normaler Vorrath und Nutzungsfaktor.	Alter.	Holzmasse. Cbfß.	Durchschnittszuwachs, Zuwachsprocent, normaler Vorrath und Nutzungsfaktor.
1	6		31	685	
2	14		32	719	
3	24		33	754	
4	35	Im 10ten Jahre:	34	789	Im 40sten Jahre:
5	48	Durchschn.-Zuw. 12,8 C'	35	824	Durchschn.-Zuw. 25 C'
6	62	Zuwachsprocent 16,4	36	859	Zuwachsprocent 3,6
7	77	Norm. Vorrath 597 C'	37	894	Norm. Vorrath 16618 C'
8	93	Nutzungsfaktor 0,21441	38	930	Nutzungsfaktor 0,06018
9	110		39	965	
10	128		40	1000	
11	147		41	1035	
12	167		42	1071	
13	188		43	1107	
14	210	Im 20sten Jahre:	44	1144	Im 50sten Jahre:
15	233	Durchschn.-Zuw. 17,8 C'	45	1181	Durchschn.-Zuw. 27,5 C'
16	257	Zuwachsprocent 7,9	46	1219	Zuwachsprocent 2,9
17	281	Norm. Vorrath 3074 C'	47	1257	Norm. Vorrath 28637 C'
18	306	Nutzungsfaktor 0,11614	48	1296	Nutzungsfactor 0,04798
19	331		49	1335	
20	357		50	1374	
21	383		51	1413	
22	410		52	1453	
23	438		53	1493	
24	466	Im 30sten Jahre:	54	1532	Im 60sten Jahre:
25	495	Durchschn.-Zuw. 21,7 C'	55	1572	Durchschn.-Zuw. 29,6 C'
26	524	Zuwachsprocent 5,3	56	1613	Zuwachsprocent 2,4
27	554	Norm. Vorrath 8199 C'	57	1654	Norm. Vorrath 44572 C'
28	586	Nutzungsfaktor 0,07940	58	1694	Nutzungsfaktor 0,03985
29	618		59	1735	
30	651		60	1776	

Fortsetzung.

(Buchen-Hochwald. II.)

Alter.	Holzmasse. Cbfß.	Durchschnittszuwachs, Zuwachsprocent, normaler Vorrath und Nutzungsfaktor.	Alter.	Holzmasse. Cbfß.	Durchschnittszuwachs, Zuwachsprocent, normaler Vorrath und Nutzungsfaktor.
61	1817	Im 70sten Jahre: Durchschn.-Zuw. 31,3 C' Zuwachsprocent 2,0 Norm. Vorrath 64611 C' Nutzungsfaktor 0,03393	91	3124	Im 100sten Jahre: Durchschn.-Zuw. 35,3 C' Zuwachsprocent 1,3 Nrm. Vorrath 150952 C' Nutzungsfaktor 0,02340
62	1859		92	3169	
63	1900		93	3215	
64	1941		94	3260	
65	1982		95	3305	
66	2024		96	3350	
67	2066		97	3396	
68	2108		98	3441	
69	2150		99	3486	
70	2192		100	3532	
71	2235	Im 80sten Jahre: Durchschn.-Zuw. 32,9 C' Zuwachsprocent 1,7 Norm. Vorrath 88911 C' Nutzungsfaktor 0,02957	101	3577	Im 110ten Jahre: Durchschn.-Zuw. 36,1 C' Zuwachsprocent 1,1 Nrm.-Vorrath 188708 C' Nutzungsfaktor 0,02105
72	2277		102	3622	
73	2320		103	3666	
74	2363		104	3710	
75	2407		105	3754	
76	2451		106	3798	
77	2495		107	3842	
78	2539		108	3886	
79	2584		109	3929	
80	2629		110	3972	
81	2674	Im 90sten Jahre: Durchschn.-Zuw. 34,2 C' Zuwachsprocent 1,5 Nrm. Vorrath 117674 C' Nutzungsfaktor 0,02617	111	4016	Im 120sten Jahre: Durchschn.-Zuw. 36,7 C' Zuwachsprocent 0,9 Nrm. Vorrath 230796 C' Nutzungsfaktor 0,01906
82	2719		112	4059	
83	2764		113	4102	
84	2809		114	4145	
85	2854		115	4188	
86	2899		116	4231	
87	2943		117	4274	
88	2988		118	4316	
89	3034		119	4358	
90	3079		120	4399	

Tafel 3.

Buchen-Hochwald.

III. Bodenklasse. (Mittelmäßig.)

(II. neue, VII. alte Cott. Klasse.)

Alter.	Holz-masse. Cbfß.	Durchschnittszuwachs, Zuwachsprocent, normaler Vorrath und Nutzungsfaktor.	Alter.	Holz-masse. Cbfß.	Durchschnittszuwachs, Zuwachsprocent, normaler Vorrath und Nutzungsfaktor.
1	6		31	549	
2	13		32	576	
3	21		33	604	
4	30	Im 10ten Jahre:	34	632	Im 40sten Jahre:
5	40	Durchschn.-Zuw. 10,4 C'	35	660	Durchschn.-Zuw. 20 C'
6	51	Zuwachsprocent 15,6	36	688	Zuwachsprocent 3,6
7	63	Norm. Vorrath 494 C'	37	716	Norm. Vorrath 13328 C'
8	76	Nutzungsfaktor 0,21053	38	744	Nutzungsfaktor 0,06002
9	90		39	772	
10	104		40	800	
11	119		41	829	
12	135		42	857	
13	152		43	887	
14	169	Im 20sten Jahre:	44	916	Im 50sten Jahre:
15	187	Durchschn.-Zuw. 14,3 C'	45	946	Durchschn.-Zuw. 22 C'
16	206	Zuwachsprocent 7,9	46	976	Zuwachsprocent 2,9
17	225	Norm. Vorrath 2483 C'	47	1007	Norm. Vorrath 22952 C'
18	245	Nutzungsfaktor 0,11518	48	1037	Nutzungsfaktor 0,04793
19	265		49	1069	
20	286		50	1100	
21	307		51	1132	
22	328		52	1163	
23	350		53	1195	
24	373	Im 30sten Jahre:	54	1227	Im 60sten Jahre:
25	396	Durchschn.-Zuw. 17,4 C'	55	1259	Durchschn.-Zuw. 23,7 C'
26	420	Zuwachsprocent 5,5	56	1292	Zuwachsprocent 2,4
27	444	Norm. Vorrath 6587 C'	57	1324	Norm. Vorrath 35712 C'
28	469	Nutzungsfaktor 0,07925	58	1357	Nutzungsfaktor 0,03982
29	495		59	1389	
30	522		60	1422	

Fortsetzung.

(Buchen-Hochwald. III.)

Alter.	Holzmasse. Cbfß.	Durchschnittszuwachs, Zuwachsprocent, normaler Vorrath und Nutzungsfaktor.	Alter.	Holzmasse. Cbfß.	Durchschnittszuwachs, Zuwachsprocent, normaler Vorrath und Nutzungsfaktor.
61	1455		91	2501	
62	1488		92	2538	
63	1521		93	2574	
64	1554	Im 70sten Jahre:	94	2610	Im 100sten Jahre:
65	1587	Durchschn.-Zuw. 25,1 C'	95	2646	Durchschn.-Zuw. 28,3 C'
66	1621	Zuwachsprocent 2,0	96	2683	Zuwachsprocent 1,3
67	1654	Norm. Vorrath 51755 C'	97	2719	Nrm. Vorrath 120887 C'
68	1687	Nutzungsfaktor 0,03391	98	2755	Nutzungsfaktor 0,02339
69	1721		99	2792	
70	1755		100	2828	
71	1789		101	2864	
72	1823		102	2900	
73	1858		103	2935	
74	1892	Im 80sten Jahre:	104	2970	Im 110ten Jahre:
75	1927	Durchschn.-Zuw. 26,3 C'	105	3006	Durchschn.-Zuw. 28,9 C'
76	1962	Zuwachsprocent 1,7	106	3041	Zuwachsprocent 1,1
77	1998	Norm. Vorrath 71211 C'	107	3076	Nrm. Vorrath 151117 C'
78	2033	Nutzungsfaktor 0,02956	108	3111	Nutzungsfaktor 0,02105
79	2069		109	3146	
80	2105		110	3181	
81	2141		111	3215	
82	2177		112	3250	
83	2213		113	3284	
84	2249	Im 90sten Jahre:	114	3319	Im 120sten Jahre:
85	2285	Durchschn.-Zuw. 27,4 C'	115	3353	Durchschn.-Zuw. 29,4 C'
86	2321	Zuwachsprocent 1,5	116	3388	Zuwachsprocent 1,0
87	2357	Norm. Vorrath 94241 C'	117	3422	Nrm. Vorrath 184816 C'
88	2393	Nutzungsfaktor 0,02616	118	3456	Nutzungsfaktor 0,01906
89	2429		119	3489	
90	2465		120	3523	

Tafel 4.

Buchen = Hochwald.

IV. Bodenklasse. (Sehr mittelmäßig.)

(III. neue, V. alte Cott. Klasse.)

Alter.	Holzmasse. Cbfß.	Durchschnittszuwachs, Zuwachsprocent, normaler Vorrath und Nutzungsfaktor.	Alter.	Holzmasse. Cbfß.	Durchschnittszuwachs, Zuwachsprocent, normaler Vorrath und Nutzungsfaktor.
1	5		31	412	
2	11		32	433	
3	18	Im 10ten Jahre:	33	453	Im 40sten Jahre:
4	25	Durchschn.-Zuw. 8 C'	34	474	Durchschn.-Zuw. 15 C'
5	33	Zuwachsprocent 15,9	35	496	Zuwachsprocent 3,6
6	41	Norm. Vorrath 391 C'	36	517	Norm. Vorrath 10035 C'
7	50	Nutzungsfaktor 0,20460	37	538	Nutzungsfaktor 0,05989
8	59		38	559	
9	69		39	580	
10	80		40	601	
11	91		41	623	
12	103		42	644	
13	115	Im 20sten Jahre:	43	666	Im 50sten Jahre:
14	128	Durchschn.-Zuw. 10,7 C'	44	688	Durchschn.-Zuw. 16,5 C'
15	141	Zuwachsprocent 8,0	45	710	Zuwachsprocent 2,9
16	155	Norm. Vorrath 1891 C'	46	733	Norm. Vorrath 17263 C'
17	169	Nutzungsfaktor 0,11370	47	756	Nutzungsfaktor 0,04785
18	184		48	779	
19	199		49	803	
20	215		50	826	
21	230		51	850	
22	247		52	874	
23	263	Im 30sten Jahre:	53	898	Im 60sten Jahre:
24	280	Durchschn.-Zuw. 13,1 C'	54	922	Durchschn.-Zuw. 17,8 C'
25	297	Zuwachsprocent 5,4	55	946	Zuwachsprocent 2,4
26	315	Norm. Vorrath 4972 C'	56	970	Norm. Vorrath 26847 C'
27	333	Nutzungsfaktor 0,07884	57	994	Nutzungsfaktor 0,03978
28	352		58	1019	
29	372		59	1043	
30	392		60	1068	

Fortsetzung.

(Buchen-Hochwald. IV.)

Alter.	Holzmasse. Cbfß.	Durchschnittszuwachs, Zuwachsprocent, normaler Vorrath und Nutzungsfaktor.	Alter.	Holzmasse. Cbfß.	Durchschnittszuwachs, Zuwachsprocent, normaler Vorrath und Nutzungsfaktor.
61	1093		91	1879	
62	1117		92	1906	
63	1142	Im 70sten Jahre:	93	1933	Im 100sten Jahre:
64	1168	Durchschn.-Zuw. 18,8 C'	94	1960	Durchschn.-Zuw. 21,2 C'
65	1192	Zuwachsprocent 1,9	95	1987	Zuwachsprocent 1,3
66	1217	Norm. Vorrath 38896 C'	96	2015	Norm.-Vorrath 90822 C'
67	1242	Nutzungsfaktor 0,03389	97	2042	Nutzungsfaktor 0,02339
68	1267		98	2070	
69	1293		99	2097	
70	1318		100	2124	
71	1344		101	2151	
72	1370		102	2178	
73	1396	Im 80sten Jahre:	103	2205	Im 110ten Jahre:
74	1421	Durchschn.-Zuw. 19,8 C'	104	2231	Durchschn.-Zuw. 21,7 C'
75	1448	Zuwachsprocent 1,7	105	2258	Zuwachsprocent 1,1
76	1474	Norm. Vorrath 53511 C'	106	2284	Nrm. Vorrath 113528 C'
77	1500	Nutzungsfaktor 0,02955	107	2310	Nutzungsfaktor 0,02104
78	1527		108	2337	
79	1554		109	2363	
80	1581		110	2389	
81	1608		111	2415	
82	1635		112	2441	
83	1662	Im 90sten Jahre:	113	2467	Im 120sten Jahre:
84	1689	Durchschn.-Zuw. 20,6 C'	114	2493	Durchschn.-Zuw. 22 C'
85	1716	Zuwachsprocent 1,5	115	2519	Zuwachsprocent 1,0
86	1743	Norm. Vorrath 70809 C'	116	2544	Nrm. Vorrath 138840 C'
87	1770	Nutzungsfaktor 0,02615	117	2570	Nutzungsfaktor 0,01906
88	1798		118	2596	
89	1825		119	2621	
90	1852		120	2646	

Tafel 5.

Buchen-Hochwald.

V. Bodenklasse. (Gering.)

(IV. neue, III. alte Cott. Klasse.)

Alter.	Holzmasse. Cbffß.	Durchschnittszuwachs, Zuwachsprocent, normaler Vorrath und Nutzungsfaktor.	Alter.	Holzmasse. Cbffß.	Durchschnittszuwachs, Zuwachsprocent, normaler Vorrath und Nutzungsfaktor.
1	4		31	276	
2	9		32	289	
3	14	Im 10ten Jahre:	33	303	Im 40sten Jahre:
4	20	Durchschn.-Zuw. 5,7 C'	34	317	Durchschn.-Zuw. 10 C'
5	26	Zuwachsprocent 14,0	35	331	Zuwachsprocent 3,6
6	32	Norm. Vorrath 294 C'	36	346	Norm. Vorrath 6760 C'
7	38	Nutzungsfaktor 0,19388	37	360	Nutzungsfaktor 0,05947
8	44		38	374	
9	50		39	388	
10	57		40	402	
11	64		41	416	
12	71		42	431	
13	79	Im 20sten Jahre:	43	445	Im 50sten Jahre:
14	87	Durchschn.-Zuw. 7,2 C'	44	460	Durchschn.-Zuw. 11 C'
15	96	Zuwachsprocent 7,5	45	475	Zuwachsprocent 2,8
16	105	Norm. Vorrath 1312 C'	46	490	Norm. Vorrath 11593 C'
17	114	Nutzungsfaktor 0,10976	47	506	Nutzungsfactor 0,04761
18	124		48	521	
19	134		49	537	
20	144		50	552	
21	154		51	568	
22	165		52	584	
23	176	Im 30sten Jahre:	53	600	Im 60sten Jahre:
24	187	Durchschn.-Zuw. 8,7 C'	54	616	Durchschn.-Zuw. 11,9 C'
25	199	Zuwachsprocent 5,2	55	632	Zuwachsprocent 2,3
26	211	Norm. Vorrath 3374 C'	56	649	Norm. Vorrath 18000 C'
27	223	Nutzungsfaktor 0,07765	57	665	Nutzungsfaktor 0,03967
28	236		58	681	
29	249		59	698	
30	262		60	714	

Fortsetzung.

(Buchen-Hochwald. V.)

Alter.	Holzmasse. Cbfß.	Durchschnittszuwachs, Zuwachsprocent, normaler Vorrath und Nutzungsfaktor.	Alter.	Holzmasse. Cbfß.	Durchschnittszuwachs, Zuwachsprocent, normaler Vorrath und Nutzungsfaktor.
61	731		81	1075	
62	747		82	1093	
63	764		83	1111	
64	780	Im 70sten Jahre:	84	1130	Im 90sten Jahre:
65	797	Durchschn.-Zuw. 12,6 C'	85	1148	Durchschn.-Zuw. 13,8 C'
66	814	Zuwachsprocent 1,8	86	1166	Zuwachsprocent 1,5
67	831	Norm. Vorrath 26058 C'	87	1184	Norm. Vorrath 47397 C'
68	848	Nutzungsfaktor 0,03381	88	1202	Nutzungsfaktor 0,02612
69	865		89	1220	
70	881		90	1238	
71	898		91	1256	
72	916		92	1275	
73	933		93	1293	
74	951	Im 80sten Jahre:	94	1311	Im 100sten Jahre:
75	968	Durschn.-Zuw. 13,2 C'	95	1329	Durchschn.-Zuw. 14,2 C'
76	986	Zuwachsprocent 1,7	96	1347	Zuwachsprocent 1,3
77	1003	Norm. Vorrath 35830 C'	97	1366	Norm. Vorrath 60780 C'
78	1021	Nutzungsfaktor 0,02950	98	1384	Nutzungsfaktor 0,02336
79	1039		99	1402	
80	1057		100	1420	

Tafel 6.

Birken-Hochwald.

I. Bodenklasse.

Alter.	Holzmasse. Cbfß.	Durchschnittszuwachs, Zuwachsprocent, normaler Vorrath und Nutzungsfaktor.	Alter.	Holzmasse. Cbfß.	Durchschnittszuwachs, Zuwachsprocent, normaler Vorrath und Nutzungsfaktor.
1	31	Im 5ten Jahre:	31	1605	Im 35sten Jahre:
2	65	Durchschn.-Zuw. 35,8 C'	32	1658	Durchschn.-Zuw. 51,8 C'
3	101	Zuwachsprocent 28,8	33	1710	Zuwachsprocent 2,9
4	139	Nrm. Vorrath 515 C'	34	1761	Norm. Vorrath 31213 C'
5	179	Nutzungsfactor 0,34757	35	1812	Nutzungsfaktor 0,05805
6	222	Im 10ten Jahre:	36	1863	Im 40sten Jahre:
7	269	Durchschn.-Zuw. 43 C'	37	1914	Durchschn.-Zuw. 51,6 C'
8	319	Zuwachsprocent 15,3	38	1964	Zuwachsprocent 2,4
9	373	Nrm. Vorrath 2128 C'	39	2014	Norm. Vorrath 41031 C'
10	430	Nutzungsfaktor 0,20207	40	2063	Nutzungsfaktor 0,05028
11	488	Im 15ten Jahre:	41	2111	Im 45sten Jahre:
12	547	Durchschn.-Zuw. 48,1 C'	42	2158	Durchschn.-Zuw. 50,8 C'
13	606	Zuwachsprocent 8,6	43	2203	Zuwachsprocent 1,8
14	664	Nrm. Vorrath 5154 C'	44	2246	Norm. Vorrath 52035 C'
15	721	Nutzungsfaktor 0,13989	45	2286	Nutzungsfactor 0,04393
16	778	Im 20sten Jahre:	46	2323	Im 50sten Jahre:
17	834	Durchschn.-Zuw. 50,1 C'	47	2359	Durchschn.-Zuw. 49,1 C'
18	891	Zuwachsprocent 5,9	48	2393	Zuwachsprocent 1,3
19	947	Norm. Vorrath 9607 C'	49	2425	Norm. Vorrath 63991 C'
20	1003	Nutzungsfaktor 0,10440	50	2456	Nutzungsfaktor 0,03838
21	1059	Im 25sten Jahre:	51	2486	Im 55sten Jahre:
22	1114	Durchschn.-Zuw. 51,2 C'	52	2515	Durchschn.-Zuw. 47,1 C'
23	1169	Zuwachsprocent 4,5	53	2542	Zuwachsprocent 0,9
24	1224	Norm. Vorrath 15452 C'	54	2567	Norm. Vorrath 76692 C'
25	1279	Nutzungsfaktor 0,08277	55	2591	Nutzungsfactor 0,03378
26	1334	Im 30sten Jahre:	56	2615	Im 60sten Jahre:
27	1388	Durchschn.-Zuw. 51,7 C'	57	2638	Durchschn.-Zuw. 45 C'
28	1443	Zuwachsprocent 3,6	58	2660	Zuwachsprocent 0,8
29	1498	Nrm. Vorrath 22667 C'	59	2682	Norm. Vorrath 89990 C'
30	1552	Nutzungsfaktor 0,06847	60	2703	Nutzungsfaktor 0,03004

Tafel 7.

Birken = Hochwald.

II. Bodenklasse.

Alter.	Holz-masse. Cbfß.	Durchschnittszuwachs, Zuwachsprocent, normaler Vorrath und Nutzungsfaktor.	Alter.	Holz-masse. Cbfß.	Durchschnittszuwachs, Zuwachsprocent, normaler Vorrath und Nutzungsfaktor.
1	20	Im 5ten Jahre:	31	1308	Im 35sten Jahre:
2	43	Durchschn.=Zuw. 26,2 C'	32	1352	Durchschn.=Zuw. 42,3 C'
3	69	Zuwachsprocent 33,7	33	1395	Zuwachsprocent 2,9
4	98	Nrm. Vorrath 361 C'	34	1438	Nrm. Vorrath 23082 C'
5	131	Nutzungsfaktor 0,36288	35	1480	Nutzungsfaktor 0,05901
6	167	Im 10ten Jahre:	36	1520	Im 40sten Jahre:
7	205	Durchschn.=Zuw. 33,1 C'	37	1558	Durchschn.=Zuw. 41,5 C'
8	245	Zuwachsprocent 15,3	38	1594	Zuwachsprocent 2,0
9	287	Norm. Vorrath 1596 C'	39	1628	Norm. Vorrath 33043 C'
10	331	Nutzungsfaktor 0,20739	40	1661	Nutzungsfaktor 0,05027
11	377	Im 15ten Jahre:	41	1693	Im 45sten Jahre:
12	425	Durchschn.=Zuw. 38,1 C'	42	1725	Durchschn.=Zuw. 40,3 C'
13	474	Zuwachsprocent 9,2	43	1756	Zuwachsprocent 1,6
14	523	Norm. Vorrath 3966 C'	44	1786	Nrm. Vorrath 41818 C'
15	571	Nutzungsfaktor 0,14397	45	1815	Nutzungsfaktor 0,04340
16	618	Im 20sten Jahre:	46	1843	Im 50sten Jahre:
17	666	Durchschn.=Zuw. 40,2 C'	47	1870	Durchschn.=Zuw. 38,9 C'
18	713	Zuwachsprocent 6,1	48	1896	Zuwachsprocent 1,2
19	759	Norm. Vorrath 7527 C'	49	1921	Nrm. Vorrath 51293 C'
20	805	Nutzungsfaktor 0,10695	50	1945	Nutzungsfaktor 0,03792
21	851	Im 25sten Jahre:	51	1967	Im 55sten Jahre:
22	898	Durchschn.=Zuw. 41,4 C'	52	1987	Durchschn.=Zuw. 37,1 C'
23	944	Zuwachsprocent 4,6	53	2005	Zuwachsprocent 0,8
24	990	Norm. Vorrath 12246 C'	54	2022	Nrm. Vorrath 61312 C'
25	1036	Nutzungsfaktor 0,08460	55	2038	Nutzungsfaktor 0,03324
26	1082	Im 30sten Jahre:	56	2053	Im 60sten Jahre:
27	1127	Durchschn.=Zuw. 42,1 C'	57	2067	Durchschn.=Zuw. 35,1 C'
28	1173	Zuwachsprocent 3,7	58	2080	Zuwachsprocent 0,6
29	1218	Norm. Vorrath 18109 C'	59	2093	Norm. Vorrath 71710 C'
30	1263	Nutzungsfaktor 0,06974	60	2105	Nutzungsfaktor 0,02935

Tafel 8.

Birken-Hochwald.

III. Bodenklasse.

Alter.	Holzmasse. Cbfß.	Durchschnittszuwachs, Zuwachsprocent, normaler Vorrath und Nutzungsfaktor.	Alter.	Holzmasse. Cbfß.	Durchschnittszuwachs, Zuwachsprocent, normaler Vorrath und Nutzungsfaktor.
1	11	Im 5ten Jahre:	31	987	Im 35sten Jahre:
2	25	Durchschn.-Zuwachs 16 C'	32	1019	Durchschn.-Zuw. 31,5 C'
3	41	Zuwachsprocent 35,6	33	1049	Zuwachsprocent 2,3
4	59	Normal. Vorrath 216 C'	34	1077	Norm. Vorrath 18594 C'
5	80	Nutzungsfaktor 0,37037	35	1102	Nutzungsfaktor 0,05927
6	104	Im 10ten Jahre:	36	1125	Im 40sten Jahre:
7	131	Durchschn.-Zuw. 22,9 C'	37	1146	Durchschn.-Zuw. 29,9 C'
8	161	Zuwachsprocent 18,0	38	1164	Zuwachsprocent 1,3
9	194	Norm. Vorrath 1035 C'	39	1180	Norm. Vorrath 24404 C'
10	229	Nutzungsfaktor 0,22126	40	1195	Nutzungsfaktor 0,04897
11	266	Im 15ten Jahre:	41	1207	Im 45sten Jahre:
12	304	Durchschn.-Zuw. 27,9 C'	42	1216	Durchschn.-Zuw. 27,5 C'
13	343	Zuwachsprocent 10,0	43	1224	Zuwachsprocent 0,5
14	381	Norm.-Vorrath 2748 C'	44	1231	Norm. Vorrath 30519 C'
15	419	Nutzungsfaktor 0,15247	45	1237	Nutzungsfaktor 0,04053
16	456	Im 20sten Jahre:	46	1243	Im 50sten Jahre:
17	493	Durchschn.-Zuw. 30,1 C'	47	1248	Durchschn.-Zuw. 25,2 C'
18	529	Zuwachsprocent 6,5	48	1252	Zuwachsprocent 0,2
19	565	Norm. Vorrath 5393 C'	49	1255	Norm. Vorrath 36775 C'
20	602	Nutzungsfaktor 0,11163	50	1258	Nutzungsfaktor 0,03421
21	638	Im 25sten Jahre:	51	1260	Im 55sten Jahre:
22	673	Durchschn.-Zuw. 31,2 C'	52	1262	Durchschn.-Zuw. 23 C'
23	709	Zuwachsprocent 4,7	53	1263	Zuwachsprocent 0
24	744	Norm. Vorrath 8936 C'	54	1263	Norm. Vorrath 43086 C'
25	779	Nutzungsfaktor 0,08718	55	1263	Nutzungsfaktor 0,02931
26	815	Im 30sten Jahre:	56	1262	Im 60sten Jahre:
27	850	Durchschn.-Zuw. 31,8 C'	57	1262	Durchschn.-Zuw. 20,9 C'
28	885	Zuwachsprocent 3,7	58	1261	Zuwachsprocent -- 0,2
29	920	Norm. Vorrath 13360 C'	59	1259	Norm. Vorrath 49387 C'
30	954	Nutzungsfaktor 0,07141	60	1257	Nutzungsfaktor 0,02545

Tafel 9.

Birken-Hochwald.

IV. Bodenklasse.

Alter.	Holzmasse Cbfß.	Durchschnittszuwachs, Zuwachsprocent, normaler Vorrath und Nutzungsfaktor.	Alter.	Holzmasse Cbfß.	Durchschnittszuwachs, Zuwachsprocent, normaler Vorrath und Nutzungsfaktor.
1	5	Im 5ten Jahre:	31	630	Im 35sten Jahre:
2	13	Durchschn.-Zuw. 10,2 C'	32	644	Durchschn.-Zuw. 19,4 C'
3	23	Zuwachsprocent 41,7	33	657	Zuwachsprocent 1,6
4	36	Norm. Vorrath 128 C'	34	669	Norm. Vorrath 12170 C'
5	51	Nutzungsfaktor 0,39844	35	680	Nutzungsfaktor 0,05588
6	68	Im 10ten Jahre:	36	690	Im 40sten Jahre:
7	87	Durchschn.-Zuw. 15,2 C'	37	698	Durchschn.-Zuw. 17,7 C'
8	107	Zuwachsprocent 17,8	38	704	Zuwachsprocent 0,3
9	129	Norm. Vorrath 671 C'	39	708	Norm. Vorrath 15680 C'
10	152	Nutzungsfaktor 0,22653	40	710	Nutzungsfaktor 0,04528
11	176	Im 15ten Jahre:	41	710	Im 45sten Jahre:
12	200	Durchschn.-Zuw. 18,4 C'	42	708	Durchschn.-Zuw 15,3 C'
13	225	Zuwachsprocent 10,4	43	704	Zuwachsprocent — 1,3
14	250	Norm. Vorrath 1798 C'	44	697	Norm. Vorrath 19187 C'
15	276	Nutzungsfaktor 0,15350	45	688	Nutzungsfaktor 0,03586
16	302	Im 20sten Jahre:	46	679	Im 50sten Jahre:
17	329	Durchschn.-Zuw. 20,5 C'	47	669	Durchschn.-Zuw. 12,7 C'
18	357	Zuwachsprocent 6,8	48	658	Zuwachsprocent — 2,0
19	384	Norm. Vorrath 3580 C'	49	646	Norm. Vorrath 22472 C'
20	410	Nutzungsfaktor 0,11453	50	633	Nutzungsfaktor 0,02817
21	435	Im 25sten Jahre:	51	619	Im 55sten Jahre:
22	459	Durchschn.-Zuw. 21 C'	52	604	Durchschn. Zuw. 10,1 C'
23	482	Zuwachsprocent 4,2	53	588	Zuwachsprocent — 3,0
24	504	Norm. Vorrath 5985 C'	54	571	Norm. Vorrath 25408 C'
25	525	Nutzungsfaktor 0,08772	55	554	Nutzungsfaktor 0,02180
26	545	Im 30sten Jahre:	56	538	Im 60sten Jahre:
27	564	Durchschn.-Zuw. 20,5 C'	57	521	Durchschn. Zuw. 7,8 C'
28	582	Zuwachsprocent 2,7	58	505	Zuwachsprocent — 3,5
29	599	Norm. Vorrath 8890 C'	59	488	Norm. Vorrath 27931 C'
30	615	Nutzungsfaktor 0,06918	60	471	Nutzungsfaktor 0,01686

Tafel 10.

Birken-Hochwald.

V. Bodenklasse.

Alter.	Holzmasse. Cbfß.	Durchschnittszuwachs, Zuwachsprocent, normaler Vorrath und Nutzungsfaktor.	Alter.	Holzmasse. Cbfß.	Durchschnittszuwachs, Zuwachsprocent, normaler Vorrath und Nutzungsfaktor.
1	3	Im 5ten Jahre:	31	293	Im 35sten Jahre:
2	7	Durchschn.-Zuw. 6 C'	32	299	Durchschn.-Zuw. 9,1 C'
3	13	Zuwachsprocent 42,9	33	305	Zuwachsprocent 1,9
4	21	Norm. Vorrath 74 C'	34	311	Norm. Vorrath 5984 C'
5	30	Nutzungsfaktor 0,40541	35	317	Nutzungsfaktor 0,05297
6	41	Im 10ten Jahre:	36	323	Im 40sten Jahre:
7	53	Durchschn.-Zuw. 8,9 C'	37	328	Durchschn.-Zuw. 8,5 C'
8	65	Zuwachsprocent 15,6	38	333	Zuwachsprocent 1,2
9	77	Norm. Vorrath 399 C'	39	338	Norm. Vorrath 7648 C'
10	89	Nutzungsfaktor 0,22306	40	342	Nutzungsfaktor 0,04472
11	101	Im 15ten Jahre:	41	346	Im 45sten Jahre:
12	114	Durchschn.-Zuw. 9,9 C'	42	349	Durchschn.-Zuw. 7,9 C'
13	126	Zuwachsprocent 8,0	43	351	Zuwachsprocent 0,3
14	138	Norm. Vorrath 1027 C'	44	353	Norm. Vorrath 9401 C'
15	149	Nutzungsfaktor 0,14508	45	354	Nutzungsfaktor 0,03766
16	160	Im 20sten Jahre:	46	355	Im 50sten Jahre:
17	171	Durchschn.-Zuw. 10,1 C'	47	355	Durchschn.-Zuw. 7 C'
18	182	Zuwachsprocent 5,2	48	354	Zuwachsprocent — 0,9
19	193	Norm. Vorrath 1936 C'	49	352	Norm. Vorrath 11166 C'
20	203	Nutzungsfaktor 0,10486	50	349	Nutzungsfaktor 0,03126
21	213	Im 25sten Jahre:	51	346	Im 55sten Jahre:
22	223	Durchschn.-Zuw. 10 C'	52	342	Durchschn.-Zuw. 6 C'
23	232	Zuwachsprocent 3,7	53	338	Zuwachsprocent — 1,5
24	241	Norm. Vorrath 3095 C'	54	334	Norm. Vorrath 12855 C'
25	250	Nutzungsfaktor 0,08078	55	329	Nutzungsfaktor 0,02559
26	258	Im 30sten Jahre:	56	324	Im 60sten Jahre:
27	266	Durchschn.-Zuw. 9,6 C'	57	319	Durchschn.-Zuw. 5 C'
28	273	Zuwachsprocent 2,5	58	313	Zuwachsprocent — 2,3
29	280	Norm. Vorrath 4459 C'	59	307	Norm. Vorrath 14418 C'
30	287	Nutzungsfaktor 0,06436	60	300	Nutzungsfaktor 0,02081

Tafel 11.

Kiefern.

I. Bodenklasse.

Alter.	Holzmasse. Cbfß.	Durchschnittszuwachs, Zuwachsprocent, normaler Vorrath und Nutzungsfaktor.	Alter.	Holzmasse. Cbfß.	Durchschnittszuwachs, Zuwachsprocent, normaler Vorrath und Nutzungsfaktor.
1	21		31	988	
2	43		32	1028	
3	65		33	1068	
4	88	Im 10ten Jahre:	34	1109	Im 40sten Jahre:
5	112	Durchschn.-Zuw. 24,7 C'	35	1150	Durchschn.-Zuw. 34 C'
6	137	Zuwachsprocent 13,3	36	1191	Zuwachsprocent 3,2
7	163	Norm. Vorrath 1284 C'	37	1233	Norm. Vorrath 24997 C'
8	190	Nutzungsfaktor 0,19237	38	1275	Nutzungsfaktor 0,05437
9	218		39	1317	
10	247		40	1359	
11	277		41	1401	
12	308		42	1443	
13	339		43	1486	
14	371	Im 20sten Jahre:	44	1529	Im 50sten Jahre:
15	404	Durchschn.-Zuw. 28,7 C'	45	1572	Durchschn.-Zuw. 35,8 C'
16	437	Zuwachsprocent 6,7	46	1615	Zuwachsprocent 2,5
17	470	Norm. Vorrath 5508 C'	47	1658	Norm. Vorrath 40934 C'
18	504	Nutzungsfaktor 0,10439	48	1701	Nutzungsfaktor 0,04368
19	539		49	1744	
20	575		50	1788	
21	611		51	1832	
22	647		52	1876	
23	683		53	1919	
24	720	Im 30sten Jahre:	54	1962	Im 60sten Jahre:
25	757	Durchschn.-Zuw. 31,6 C'	55	2004	Durchschn.-Zuw. 36,8 C'
26	794	Zuwachsprocent 4,3	56	2046	Zuwachsprocent 1,8
27	832	Norm. Vorrath 13279 C'	57	2088	Norm. Vorrath 61170 C'
28	870	Nutzungsfaktor 0,07139	58	2129	Nutzungsfaktor 0,03613
29	909		59	2170	
30	948		60	2210	

Fortsetzung.

(Kiefern. I.)

Alter.	Holzmasse. Cbfß.	Durchschnittszuwachs, Zuwachsprocent, normaler Vorrath und Nutzungsfaktor.	Alter.	Holzmasse. Cbfß.	Durchschnittszuwachs, Zuwachsprocent, normaler Vorrath und Nutzungsfaktor.
61	2250		91	3314	
62	2290		92	3344	
63	2329		93	3374	
64	2368	Im 70sten Jahre:	94	3404	Im 100sten Jahre:
65	2407	Durchschn.-Zuw. 37,1 C'	95	3433	Durchschn.-Zuw. 35,7 C'
66	2445	Zuwachsprocent 1,4	96	3462	Zuwachsprocent 0,8
67	2483	Norm. Vorrath 85418 C'	97	3491	Nrm. Vorrath 179219 C'
68	2521	Nutzungsfaktor 0,03039	98	3519	Nutzungsfaktor 0,01995
69	2559		99	3547	
70	2596		100	3575	
71	2633		101	3602	
72	2670		102	3629	
73	2707		103	3656	
74	2743	Im 80sten Jahre:	104	3682	Im 110ten Jahre:
75	2779	Durchschn.-Zuw. 36,9 C'	105	3708	Durchschn.-Zuw. 34,9 C'
76	2815	Zuwachsprocent 1,2	106	3734	Zuwachsprocent 0,7
77	2850	Norm. Vorrath 113375 C'	107	3759	Nrm. Vorrath 216416 C'
78	2885	Nutzungsfaktor 0,02606	108	3784	Nutzungsfaktor 0,01772
79	2920		109	3809	
80	2955		110	3834	
81	2989		111	3858	
82	3023		112	3882	
83	3057		113	3906	
84	3090	Im 90sten Jahre:	114	3930	Im 120sten Jahre:
85	3123	Durchschn.-Zuw. 36,5 C'	115	3954	Durchschn.-Zuw. 33,9 C'
86	3156	Zuwachsprocent 1,0	116	3977	Zuwachsprocent 0,5
87	3188	Nrm. Vorrath 144756 C'	117	4000	Nrm. Vorrath 256058 C'
88	3220	Nutzungsfaktor 0,02268	118	4023	Nutzungsfaktor 0,01588
89	3252		119	4045	
90	3283		120	4067	

Tafel 12.

K i e f e r n.

II. Bodenklasse.

Alter.	Holzmasse Cbfß.	Durchschnittszuwachs, Zuwachsprocent, normaler Vorrath und Nutzungsfaktor.	Alter.	Holzmasse Cbfß.	Durchschnittszuwachs, Zuwachsprocent, normaler Vorrath und Nutzungsfaktor.
1	17		31	836	
2	35		32	870	
3	54		33	904	
4	74	Im 10ten Jahre:	34	938	Im 40sten Jahre:
5	95	Durchschn.-Zuw. 21,1 C'	35	972	Durchschn.-Zuw. 28,7 C'
6	117	Zuwachsprocent 13,4	36	1007	Zuwachsprocent 3,2
7	139	Norm. Vorrath 1090 C'	37	1042	Norm. Vorrath 21189 C'
8	162	Nutzungsfaktor 0,19358	38	1077	Nutzungsfaktor 0,05418
9	186		39	1112	
10	211		40	1148	
11	237		41	1184	
12	263		42	1220	
13	290		43	1256	
14	317	Im 20sten Jahre:	44	1292	Im 50sten Jahre:
15	345	Durchschn.-Zuw. 24,4 C'	45	1329	Durchschn.-Zuw. 30,3 C'
16	373	Zuwachsprocent 6,3	46	1366	Zuwachsprocent 2,6
17	402	Norm. Vorrath 4697 C'	47	1403	Norm. Vorrath 34671 C'
18	431	Nutzungsfaktor 0,10411	48	1440	Nutzungsfactor 0,04370
19	460		49	1477	
20	489		50	1515	
21	519		51	1553	
22	549		52	1591	
23	579		53	1629	
24	610	Im 30sten Jahre:	54	1666	Im 60sten Jahre:
25	641	Durchschn.-Zuw. 26,8 C'	55	1703	Durchschn.-Zuw. 31,4 C'
26	673	Zuwachsprocent 4,3	56	1740	Zuwachsprocent 1,9
27	705	Norm. Vorrath 11283 C'	57	1777	Norm. Vorrath 51877 C'
28	737	Nutzungsfaktor 0,07117	58	1813	Nutzungsfaktor 0,03634
29	770		59	1849	
30	803		60	1885	

Fortsetzung.

(Kiefern II.)

Alter.	Holz-masse. Cbfß.	Durchschnittszuwachs, Zuwachsprocent, normaler Vorrath und Nutzungsfaktor.	Alter.	Holz-masse. Cbfß.	Durchschnittszuwachs, Zuwachsprocent, normaler Vorrath und Nutzungsfaktor.
61	1920		91	2798	
62	1955		92	2822	
63	1990	Im 70sten Jahre:	93	2846	Im 100sten Jahre:
64	2025	Durchschn.-Zuw. 31,8 C'	94	2869	Durchschn.-Zuw. 30 C'
65	2059	Zuwachsprocent 1,5	95	2892	Zuwachsprocent 0,7
66	2093	Norm. Vorrath 72618 C'	96	2915	Nrm. Vorrath 152147 C'
67	2126	Nutzungsfaktor 0,03061	97	2938	Nutzungsfaktor 0,01975
68	2159		98	2961	
69	2191		99	2983	
70	2223		100	3005	
71	2255		101	3027	
72	2286		102	3049	
73	2317	Im 80sten Jahre:	103	3070	Im 110ten Jahre:
74	2347	Durchschn.-Zuw. 31,5 C'	104	3091	Durchschn.-Zuw. 29,2 C'
75	2377	Zuwachsprocent 1,1	105	3112	Zuwachsprocent 0,6
76	2406	Norm. Vorrath 96513 C'	106	3133	Nrm. Vorrath 183365 C'
77	2435	Nutzungsfaktor 0,02609	107	3154	Nutzungsfactor 0,01753
78	2463		108	3174	
79	2491		109	3194	
80	2518		110	3214	
81	2545		111	3234	
82	2571		112	3254	
83	2597	Im 90sten Jahre:	113	3273	Im 120sten Jahre:
84	2623	Durchschn.-Zuw. 30,8 C'	114	3292	Durchschn.-Zuw. 28,3 C'
85	2649	Zuwachsprocent 0,9	115	3311	Zuwachsprocent 0,5
86	2674	Nrm. Vorrath 123118 C'	116	3330	Nrm. Vorrath 216559 C'
87	2699	Nutzungsfaktor 0,02253	117	3348	Nutzungsfactor 0,01571
88	2724		118	3366	
89	2749		119	3384	
90	2774		120	3402	

Tafel 13.

K i e f e r n.

III. Bodenklasse.

Alter.	Holzmasse. Cbfß.	Durchschnittszuwachs, Zuwachsprocent, normaler Vorrath und Nutzungsfaktor.	Alter.	Holzmasse. Cbfß.	Durchschnittszuwachs, Zuwachsprocent, normaler Vorrath und Nutzungsfaktor.
1	14		31	666	
2	29		32	693	
3	44	Im 10ten Jahre:	33	720	Im 40sten Jahre:
4	60	Durchschn.-Zuw. 16,5 C'	34	747	Durchschn.-Zuw. 22,9 C'
5	76	Zuwachsprocent 13,0	35	775	Zuwachsprocent 3,3
6	93	Nrm. Vorrath 865 C'	36	803	Norm. Vorrath 16834 C'
7	110	Nutzungsfaktor 0,19075	37	831	Nutzungsfaktor 0,05441
8	128		38	859	
9	146		39	887	
10	165		40	916	
11	185		41	944	
12	206		42	973	
13	227	Im 20sten Jahre:	43	1001	Im 50sten Jahre:
14	249	Durchschn.-Zuw. 19,3 C'	44	1030	Durchschn.-Zuw. 24,1 C'
15	271	Zuwachsprocent 6,6	45	1059	Zuwachsprocent 2,5
16	293	Norm. Vorrath 3701 C'	46	1088	Norm. Vorrath 27574 C'
17	316	Nutzungsfaktor 0,10457	47	1117	Nutzungsfaktor 0,04370
18	339		48	1147	
19	363		49	1176	
20	387		50	1205	
21	411		51	1234	
22	435		52	1263	
23	460	Im 30sten Jahre:	53	1291	Im 60sten Jahre:
24	485	Durchschn.-Zuw. 21,3 C'	54	1319	Durchschn.-Zuw. 24,7 C'
25	510	Zuwachsprocent 4,2	55	1347	Zuwachsprocent 1,8
26	535	Norm. Vorrath 8937 C'	56	1374	Norm. Vorrath 41165 C'
27	561	Nutzungsfaktor 0,07150.	57	1401	Nutzungsfaktor 0,03595
28	587		58	1428	
29	613		59	1454	
30	639		60	1480	

Fortsetzung.

(Kiefern. III.)

Alter.	Holzmasse. Cbfß.	Durchschnittszuwachs, Zuwachsprocent, normaler Vorrath und Nutzungsfaktor.	Alter.	Holzmasse. Cbfß.	Durchschnittszuwachs, Zuwachsprocent, normaler Vorrath und Nutzungsfaktor.
61	1506		91	2159	
62	1532		92	2177	
63	1558	Im 70sten Jahre:	93	2195	Im 100sten Jahre:
64	1583	Durchschn.-Zuw. 24,7 C'	94	2212	Durchschn.-Zuw. 23,1 C'
65	1608	Zuwachsprocent 1,4	95	2229	Zuwachsprocent 0,7
66	1633	Nrm. Vorrath 57361 C'	96	2246	Nrm. Vorrath 118847 C'
67	1658	Nutzungsfaktor 0,03016	97	2263	Nutzungsfactor 0,01947
68	1682		98	2280	
69	1706		99	2297	
70	1730		100	2314	
71	1753		101	2331	
72	1776		102	2347	
73	1799	Im 80sten Jahre:	103	2363	Im 110ten Jahre:
74	1822	Durchschn.-Zuw. 24,4 C'	104	2379	Durchschn.-Zuw. 22,5 C'
75	1844	Zuwachsprocent 1,1	105	2395	Zuwachsprocent 0,6
76	1866	Norm. Vorrath 75899 C'	106	2411	Nrm. Vorrath 142876 C'
77	1888	Nutzungsfaktor 0,02571	107	2427	Nutzungsfaktor 0,01732
78	1909		108	2443	
79	1930		109	2459	
80	1951		110	2474	
81	1971		111	2489	
82	1991		112	2504	
83	2011	Im 90sten Jahre:	113	2519	Im 120sten Jahre:
84	2030	Durchschn.-Zuw. 23,8 C'	114	2534	Durchschn.-Zuw. 21,8 C'
85	2049	Zuwachsprocent 0,8	115	2549	Zuwachsprocent 0,5
86	2068	Norm. Vorrath 96475 C'	116	2563	Nrm. Vorrath 168426 C'
87	2087	Nutzungsfaktor 0,02219	117	2577	Nutzungsfaktor 0,01555
88	2105		118	2591	
89	2123		119	2605	
90	2141		120	2619	

Tafel 14.

K i e f e r n.

IV. Bodenklasse.

Alter.	Holzmasse. Cbfß.	Durchschnittszuwachs, Zuwachsprocent, normaler Vorrath und Nutzungsfaktor.	Alter.	Holzmasse. Cbfß.	Durchschnittszuwachs, Zuwachsprocent, normaler Vorrath und Nutzungsfaktor.
1	11		31	505	
2	22		32	525	
3	33		33	546	
4	45	Im 10ten Jahre:	34	567	Im 40sten Jahre:
5	57	Durchschn.-Zuw. 12,6 C'	35	588	Durchschn.-Zuw. 17,3 C'
6	70	Zuwachsprocent 13,5	36	609	Zuwachsprocent 3,3
7	83	Norm. Vorrath 655 C'	37	630	Norm. Vorrath 12767 C'
8	97	Nutzungsfaktor 0,19237	38	651	Nutzungsfaktor 0,05436
9	111		39	672	
10	126		40	694	
11	141		41	716	
12	157		42	737	
13	173		43	758	
14	189	Im 20sten Jahre:	44	780	Im 50sten Jahre:
15	206	Durchschn.-Zuw. 14,6 C'	45	801	Durchschn.-Zuw. 18,1 C'
16	223	Zuwachsprocent 6,5	46	822	Zuwachsprocent 2,4
17	240	Norm. Vorrath 2809 C'	47	843	Norm. Vorrath 20879 C'
18	257	Nutzungsfaktor 0,10431	48	864	Nutzungsfaktor 0,04339
19	275		49	885	
20	293		50	906	
21	311		51	927	
22	330		52	947	
23	349		53	967	
24	368	Im 30sten Jahre:	54	987	Im 60sten Jahre:
25	387	Durchschn.-Zuw. 16,2 C'	55	1007	Durchschn.-Zuw. 18,4 C'
26	406	Zuwachsprocent 4,3	56	1027	Zuwachsprocent 1,7
27	425	Norm. Vorrath 6780 C'	57	1047	Norm. Vorrath 31046 C'
28	445	Nutzungsfaktor 0,07153	58	1067	Nutzungsfaktor 0,03559
29	465		59	1086	
30	485		60	1105	

Fortsetzung.

(Kiefern. IV.)

Alter.	Holzmasse. Cbfß.	Durchschnittszuwachs, Zuwachsprocent, normaler Vorrath und Nutzungsfaktor.	Alter.	Holzmasse. Cbfß.	Durchschnittszuwachs, Zuwachsprocent, normaler Vorrath und Nutzungsfaktor.
61	1124		91	1585	
62	1142		92	1597	
63	1160		93	1609	
64	1178	Im 70sten Jahre:	94	1621	Im 100sten Jahre:
65	1196	Durchschn.=Zuw. 18,3 C'	95	1633	Durchschn.=Zuw. 16,9 C'
66	1213	Zuwachsprocent 1,3	96	1645	Zuwachsprocent 0,7
67	1230	Norm. Vorrath 43080 C'	97	1657	Norm. Vorrath 88267 C'
68	1247	Nutzungsfaktor 0,02971	98	1669	Nutzungsfaktor 0,01916
69	1264		99	1680	
70	1280		100	1691	
71	1296		101	1702	
72	1312		102	1713	
73	1328		103	1724	
74	1344	Im 80sten Jahre:	104	1735	Im 110ten Jahre:
75	1360	Durchschn.=Zuw. 17,9 C'	105	1746	Durchschn.=Zuw. 16,4 C'
76	1376	Zuwachsprocent 1,1	106	1757	Zuwachsprocent 0,6
77	1391	Norm. Vorrath 56750 C'	107	1768	Nrm. Vorrath 105779 C'
78	1406	Nutzungsfaktor 0,02530	108	1779	Nutzungsfaktor 0,01701
79	1421		109	1789	
80	1436		110	1799	
81	1451		111	1809	
82	1465		112	1819	
83	1479		113	1829	
84	1493	Im 90sten Jahre:	114	1839	Im 120sten Jahre:
85	1507	Durchschn.=Zuw. 17,5 C'	115	1849	Durchschn.=Zuw. 15,8 C'
86	1521	Zuwachsprocent 0,8	116	1858	Zuwachsprocent 0,4
87	1534	Nrm.=Vorrath 71880 C'	117	1867	Nrm. Vorrath 124301 C'
88	1547	Nutzungsfaktor 0,02188	118	1876	Nutzungsfaktor 0,01522
89	1560		119	1884	
90	1573		120	1892	

Tafel 15.

Kiefern.

V. Bodenklasse.

Alter.	Holzmasse. Cbfß.	Durchschnittszuwachs, Zuwachsprocent, normaler Vorrath und Nutzungsfaktor.	Alter.	Holzmasse. Cbfß.	Durchschnittszuwachs, Zuwachsprocent, normaler Vorrath und Nutzungsfaktor.
1	7		31	344	
2	15		32	358	
3	23		33	372	
4	31	Im 10ten Jahre:	34	386	Im 40sten Jahre:
5	39	Durchschn.-Zuw. 8,6 C'	35	400	Durchschn.-Zuw. 11,8 C'
6	48	Zuwachsprocent 13,2	36	415	Zuwachsprocent 3,3
7	57	Norm. Vorrath 448 C'	37	429	Norm. Vorrath 8698 C'
8	66	Nutzungsfaktor 0,19196	38	444	Nutzungsfaktor 0,05438
9	76		39	458	
10	86		40	473	
11	96		41	488	
12	107		42	502	
13	118		43	516	
14	129	Im 20sten Jahre:	44	530	Im 50sten Jahre:
15	140	Durchschn.-Zuw. 9,9 C'	45	544	Durchschn.-Zuw. 12,2 C'
16	151	Zuwachsprocent 6,4	46	557	Zuwachsprocent 2,0
17	163	Norm. Vorrath 1913 C'	47	570	Norm. Vorrath 14192 C'
18	175	Nutzungsfaktor 0,10403	48	583	Nutzungsfaktor 0,04284
19	187		49	596	
20	199		50	608	
21	212		51	620	
22	225		52	632	
23	238		53	644	
24	251	Im 30sten Jahre:	54	656	Im 60sten Jahre:
25	264	Durchschn.-Zuw. 11 C'	55	667	Durchschn.-Zuw. 12 C'
26	277	Zuwachsprocent 4,4	56	678	Zuwachsprocent 1,5
27	290	Norm. Vorrath 4619 C'	57	689	Norm. Vorrath 20911 C'
28	303	Nutzungsfaktor 0,07144	58	700	Nutzungsfaktor 0,03453
29	316		59	711	
30	330		60	722	

Fortsetzung.

(Kiefern. V.)

Alter.	Holzmasse. Cbfß.	Durchschnittszuwachs, Zuwachsprocent, normaler Vorrath und Nutzungsfaktor.	Alter.	Holzmasse. Cbfß.	Durchschnittszuwachs, Zuwachsprocent, normaler Vorrath und Nutzungsfaktor.
61	732		91	987	
62	742		92	994	
63	752	Im 70sten Jahre:	93	1001	Im 100sten Jahre:
64	762	Durchschn.-Zuw. 11,7 C'	94	1008	Durchschn.-Zuw. 10,5 C'
65	772	Zuwachsprocent 1,1	95	1015	Zuwachsprocent 0,6
66	782	Nrm. Vorrath 28675 C'	96	1022	Nrm. Vorrath 56994 C'
67	792	Nutzungsfaktor 0,02856	97	1029	Nutzungsfactor 0,01837
68	801		98	1035	
69	810		99	1041	
70	819		100	1047	
71	828		101	1053	
72	837		102	1059	
73	846	Im 80sten Jahre:	103	1065	Im 110ten Jahre:
74	855	Durchschn.-Zuw. 11,3 C'	104	1071	Durchschn.-Zuw. 10, C'
75	864	Zuwachsprocent 0,9	105	1077	Zuwachsprocent 0,5
76	872	Norm. Vorrath 37345 C'	106	1083	Nrm. Vorrath 67788 C'
77	880	Nutzungsfaktor 0,02421	107	1089	Nutzungsfaktor 0,01629
78	888		108	1094	
79	896		109	1099	
80	904		110	1104	
81	912		111	1109	
82	920		112	1114	
83	928	Im 90sten Jahre:	113	1119	Im 120sten Jahre:
84	936	Durchschn.-Zuw. 10,9 C'	114	1124	Durchschn.-Zuw. 9,6 C'
85	944	Zuwachsprocent 0,7	115	1129	Zuwachsprocent 0,4
86	952	Norm. Vorrath 46815 C'	116	1134	Nrm. Vorrath 79103 C'
87	959	Nutzungsfaktor 0,02093	117	1139	Nutzungsfaktor 0,01459
88	966		118	1144	
89	973		119	1149	
90	980		120	1154	

Tafel 16.

Fichten auf gutem Lehmboden. (Nach Karl.)

Alter.	Holzmasse. Cbfß.	Durchschnittszuwachs, Zuwachsprocent, normaler Vorrath und Nutzungsfaktor.	Alter.	Holzmasse. Cbfß.	Durchschnittszuwachs, Zuwachsprocent, normaler Vorrath und Nutzungsfaktor.
1	31		31	1931	
2	63		32	2028	
3	96		33	2126	
4	131	Im 10ten Jahre:	34	2226	Im 40sten Jahre:
5	168	Durchschn.-Zuw. 38,3 C'	35	2327	Durchschn.-Zuw. 71,3 C'
6	207	Zuwachsprocent 14,3	36	2429	Zuwachsprocent 4,0
7	248	Norm. Vorrath 1952 C'	37	2533	Norm. Vorrath 47166 C'
8	290	Nutzungsfaktor 0,19621	38	2638	Nutzungsfaktor 0,06049
9	335		39	2744	
10	383		40	2853	
11	433		41	2963	
12	485		42	3075	
13	540		43	3189	
14	597	Im 20sten Jahre:	44	3305	Im 50sten Jahre:
15	657	Durchschn.-Zuw. 49,6 C'	45	3423	Durchschn.-Zuw. 80,8 C'
16	719	Zuwachsprocent 7,8	46	3542	Zuwachsprocent 3,2
17	784	Norm. Vorrath 8932 C'	47	3664	Norm. Vorrath 82065 C'
18	851	Nutzungsfaktor 0,11117	48	3787	Nutzungsfaktor 0,04922
19	921		49	3912	
20	993		50	4039	
21	1067		51	4169	
22	1144		52	4302	
23	1224		53	4437	
24	1306	Im 30sten Jahre:	54	4575	Im 60sten Jahre:
25	1389	Durchschn.-Zuw. 61,2 C'	55	4716	Durchschn.-Zuw. 91,2 C'
26	1475	Zuwachsprocent 5,3	56	4860	Zuwachsprocent 3,0
27	1563	Norm. Vorrath 23331 C'	57	5008	Nrm. Vorrath 130081 C'
28	1652	Nutzungsfaktor 0,07869	58	5160	Nutzungsfaktor 0,04208
29	1743		59	5315	
30	1836		60	5474	

Fortsetzung.

(Fichten nach Karl.)

Alter.	Holzmasse. Cbfß.	Durchschnittszuwachs, Zuwachsprocent, normaler Vorrath und Nutzungsfaktor.	Alter.	Holzmasse. Cbfß.	Durchschnittszuwachs, Zuwachsprocent, normaler Vorrath und Nutzungsfaktor.
61	5637		81	9886	
62	5805		82	10147	
63	5977	Im 70sten Jahre:	83	10413	Im 90sten Jahre:
64	6153	Durchschn.=Zuw. 104,4 C'	84	10682	Durchschn.=Zuw. 137,5 C'
65	6333	Zuwachsprocent 2,9	85	10955	Zuwachsprocent 2,4
66	6519	Nrm. Vorrath 194531 C'	86	11232	Nrm. Vorrath 391079 C'
67	6709	Nutzungsfaktor 0,03758	87	11512	Nutzungsfaktor 0,03164
68	6905		88	11796	
69	7105		89	12084	
70	7310		90	12375	
71	7520		91	12671	
72	7735		92	12969	
73	7955	Im 80sten Jahre:	93	13270	Im 100sten Jahre:
74	8180	Durchschn.=Zuw. 120,4 C'	94	13574	Durchschn.=Zuw. 154,6 C'
75	8410	Zuwachsprocent 2,7	95	13882	Zuwachsprocent 2,1
76	8645	Nrm. Vorrath 279997 C'	96	14192	Nrm. Vorrath 531572 C'
77	8884	Nutzungsfaktor 0,03439	97	14506	Nutzungsfaktor 0,02909
78	9128		98	14823	
79	9377		99	15142	
80	9629		100	15464	

Tafel 17.

Fichten auf buntem Sandsteingebirge.

(Grafschaft Henneberg.)

I. Bodenklasse. (Gut.)

Alter.	Holzmasse. Cbfß.	Durchschnittszuwachs, Zuwachsprocent, normaler Vorrath und Nutzungsfaktor.	Alter.	Holzmasse. Cbfß.	Durchschnittszuwachs, Zuwachsprocent, normaler Vorrath und Nutzungsfaktor.
1	13		31	1420	
2	38		32	1476	
3	68		33	1532	
4	104	Im 10ten Jahre:	34	1588	Im 40sten Jahre:
5	144	Durchschn.-Zuw. 35,8 C'	35	1645	Durchschn.-Zuw. 48,2 C'
6	185	Zuwachsprocent 14,0	36	1702	Zuwachsprocent 3,0
7	227	Nrm. Vorrath 1721 C'	37	1759	Norm. Vorrath 35795 C'
8	270	Nutzungsfaktor 0,20802	38	1816	Nutzungsfaktor 0,05392
9	314		39	1873	
10	358		40	1930	
11	403		41	1987	
12	448		42	2044	
13	494		43	2101	
14	540	Im 20sten Jahre:	44	2158	Im 50sten Jahre:
15	587	Durchschn.-Zuw. 41,5 C'	45	2215	Durchschn.-Zuw. 50,2 C'
16	634	Zuwachsprocent 6,4	46	2273	Zuwachsprocent 2,5
17	682	Norm. Vorrath 7852 C'	47	2332	Norm. Vorrath 58259 C'
18	731	Nutzungsfaktor 0,10583	48	2391	Nutzungsfaktor 0,04312
19	781		49	2451	
20	831		50	2512	
21	882		51	2573	
22	934		52	2635	
23	986		53	2697	
24	1038	Im 30sten Jahre:	54	2760	Im 60sten Jahre:
25	1091	Durchschn.-Zuw. 45,5 C'	55	2823	Durchschn.-Zuw. 52,5 C'
26	1145	Zuwachsprocent 4,2	56	2887	Zuwachsprocent 2,2
27	1199	Norm. Vorrath 19054 C'	57	2952	Norm. Vorrath 86836 C'
28	1254	Nutzungsfaktor 0,07159	58	3017	Nutzungsfaktor 0,03628
29	1309		59	3083	
30	1364		60	3150	

Fortsetzung.

(Fichten. I.)

Alter.	Holzmasse. Cbfß.	Durchschnittszuwachs, Zuwachsprocent, normaler Vorrath und Nutzungsfaktor.	Alter.	Holzmasse. Cbfß.	Durchschnittszuwachs, Zuwachsprocent, normaler Vorrath und Nutzungsfaktor.
61	3218		91	5500	
62	3287		92	5573	
63	3357	Im 70sten Jahre:	93	5646	Im 100sten Jahre:
64	3428	Durchschn.-Zuw. 55,2 C'	94	5720	Durchschn.-Zuw. 61,6 C'
65	3500	Zuwachsprocent 2,0	95	5793	Zuwachsprocent 1,2
66	3572	Nrm. Vorrath 122213 C'	96	5867	Nrm. Vorrath 274243 C'
67	3644	Nutzungsfaktor 0,03162	97	5940	Nutzungsfaktor 0,02246
68	3717		98	6014	
69	3790		99	6087	
70	3864		100	6160	
71	3939		101	6234	
72	4015		102	6307	
73	4092	Im 80sten Jahre:	103	6381	Im 110ten Jahre:
74	4170	Durchschn.-Zuw. 58,1 C'	104	6454	Durchschn.-Zuw. 62,7 C'
75	4249	Zuwachsprocent 1,8	105	6528	Zuwachsprocent 1,1
76	4328	Norm. Vorrath 165121 C'	106	6601	Nrm. Vorrath 339888 C'
77	4408	Nutzungsfaktor 0,02816	107	6675	Nutzungsfaktor 0,02029
78	4488		108	6748	
79	4569		109	6822	
80	4650		110	6895	
81	4731		111	6969	
82	4811		112	7042	
83	4890	Im 90sten Jahre:	113	7116	Im 120sten Jahre:
84	4968	Durchschn.-Zuw. 60,3 C'	114	7189	Durchschn.-Zuw. 63,5 C'
85	5046	Zuwachsprocent 1,4	115	7262	Zuwachsprocent 0,9
86	5123	Nrm. Vorrath 215943 C'	116	7334	Nrm. Vorrath 412853 C'
87	5200	Nutzungsfaktor 0,02513	117	7406	Nutzungsfaktor 0,01846
88	5276		118	7478	
89	5351		119	7549	
90	5426		120	7620	

Tafel 18.

Fichten auf buntem Sandsteingebirge.

(Grafschaft Henneberg.)

II. Bodenklasse. (Ziemlich gut.)

Alter.	Holzmasse. Cbfß.	Durchschnittszuwachs, Zuwachsprocent, normaler Vorrath und Nutzungsfaktor.	Alter.	Holzmasse. Cbfß.	Durchschnittszuwachs, Zuwachsprocent, normaler Vorrath und Nutzungsfaktor.
1	11		31	1198	
2	34		32	1245	
3	60		33	1293	
4	90	Im 10ten Jahre:	34	1341	Im 40sten Jahre:
5	122	Durchschn.=Zuw. 29,7 C'	35	1390	Durchschn.=Zuw. 41 C'
6	155	Zuwachsprocent 14,2	36	1439	Zuwachsprocent 3,2
7	189	Norm. Vorrath 1442 C'	37	1488	Norm. Vorrath 30247 C'
8	224	Nutzungsfaktor 0,20596	38	1538	Nutzungsfaktor 0,05422
9	260		39	1589	
10	297		40	1640	
11	335		41	1692	
12	374		42	1745	
13	414		43	1798	
14	455	Im 20sten Jahre:	44	1851	Im 50sten Jahre:
15	496	Durchschn.=Zuw. 35,2 C'	45	1905	Durchschn.=Zuw. 43,7 C'
16	537	Zuwachsprocent 6,3	46	1960	Zuwachsprocent 2,7
17	579	Norm. Vorrath 6621 C'	47	2015	Norm. Vorrath 49597 C'
18	621	Nutzungsfaktor 0,10648	48	2071	Nutzungsfactor 0,04406
19	663		49	2128	
20	705		50	2185	
21	748		51	2243	
22	791		52	2302	
23	834		53	2362	
24	878	Im 30sten Jahre:	54	2423	Im 60sten Jahre:
25	922	Durchschn.=Zuw. 38,4 C'	55	2485	Durchschn.=Zuw. 46,7 C'
26	967	Zuwachsprocent 4,3	56	2547	Zuwachsprocent 2,4
27	1012	Norm. Vorrath 16086 C'	57	2610	Norm. Vorrath 74787 C'
28	1058	Nutzungsfaktor 0,07155	58	2674	Nutzungsfaktor 0,03751
29	1104		59	2739	
30	1151		60	2805	

Fortsetzung.

(F i c h t e n. II.)

Alter.	Holzmasse. Cbfß.	Durchschnittszuwachs, Zuwachsprocent, normaler Vorrath und Nutzungsfaktor.	Alter.	Holzmasse. Cbfß.	Durchschnittszuwachs, Zuwachsprocent, normaler Vorrath und Nutzungsfaktor.
61	2872		91	4906	
62	2941		92	4968	
63	3010	Im 70sten Jahre:	93	5030	Im 100sten Jahre:
64	3080	Durchschn.-Zuw. 50 C'	94	5092	Durchschn.-Zuw. 54,6 C'
65	3150	Zuwachsprocent 2,0	95	5154	Zuwachsprocent 1,1
66	3220	Nrm. Vorrath 106640 C'	96	5216	Nrm. Vorrath 242934 C'
67	3290	Nutzungsfaktor 0,03282	97	5277	Nutzungsfaktor 0,02248
68	3360		98	5338	
69	3430		99	5399	
70	3500		100	5460	
71	3570		101	5521	
72	3640		102	5582	
73	3710	Im 80sten Jahre:	103	5643	Im 110ten Jahre:
74	3780	Durchschn.-Zuw. 52,5 C'	104	5704	Durchschn.-Zuw. 55,2 C'
75	3850	Zuwachsprocent 1,7	105	5765	Zuwachsprocent 1,0
76	3921	Nrm. Vorrath 145494 C'	106	5826	Nrm. Vorrath 300883 C'
77	3991	Nutzungsfaktor 0,02887	107	5887	Nutzungsfaktor 0,02016
78	4061		108	5947	
79	4131		109	6007	
80	4200		110	6067	
81	4268		111	6127	
82	4335		112	6187	
83	4401	Im 90sten Jahre:	113	6247	Im 120sten Jahre:
84	4466	Durchschn.-Zuw. 53,8 C'	114	6307	Durchschn.-Zuw. 55,5 C'
85	4531	Zuwachsprocent 1,3	115	6367	Zuwachsprocent 0,9
86	4595	Nrm. Vorrath 191094 C'	116	6426	Nrm. Vorrath 364835 C'
87	4658	Nutzungsfaktor 0,02535	117	6485	Nutzungsfaktor 0,01825
88	4720		118	6544	
89	4782		119	6602	
90	4844		120	6660	

Tafel 19.

Fichten auf buntem Sandsteingebirge.
(Grafschaft Henneberg.)
III. Bodenklasse. (Mittelmäßig.)

Alter.	Holzmasse. Cbfß.	Durchschnittszuwachs, Zuwachsprocent, normaler Vorrath und Nutzungsfaktor.	Alter.	Holzmasse. Cbfß.	Durchschnittszuwachs, Zuwachsprocent, normaler Vorrath und Nutzungsfaktor.
1	10	Im 10ten Jahre: Durchschn.-Zuw. 23 C' Zuwachsprocent 13,3 Norm. Vorrath 1151 C' Nutzungsfaktor 0,19983	31	919	Im 40sten Jahre: Durchschn.-Zuw. 32,6 C' Zuwachsprocent 3,6 Norm. Vorrath 23340 C' Nutzungsfaktor 0,05591
2	30		32	959	
3	52		33	1000	
4	75		34	1042	
5	100		35	1085	
6	125		36	1128	
7	150		37	1171	
8	176		38	1215	
9	203		39	1260	
10	230		40	1305	
11	258	Im 20sten Jahre: Durchschn.-Zuw. 26,5 C' Zuwachsprocent 6,4 Norm. Vorrath 5066 C' Nutzungsfaktor 0,10462	41	1352	Im 50sten Jahre: Durchschn.-Zuw. 36,5 C' Zuwachsprocent 3,1 Norm. Vorrath 39185 C' Nutzungsfaktor 0,04657
12	287		42	1402	
13	316		43	1452	
14	345		44	1503	
15	375		45	1555	
16	405		46	1608	
17	435		47	1662	
18	466		48	1716	
19	498		49	1770	
20	530		50	1825	
21	563	Im 30sten Jahre: Durchschn.-Zuw. 29,3 C' Zuwachsprocent 4,4 Nrm. Vorrath 12256 C' Nutzungsfaktor 0,07180	51	1880	Im 60sten Jahre: Durchschn.-Zuw. 39,7 C' Zuwachsprocent 2,4 Norm. Vorrath 60475 C' Nutzungsfaktor 0,03936
22	596		52	1935	
23	630		53	1990	
24	665		54	2045	
25	700		55	2100	
26	735		56	2156	
27	771		57	2212	
28	807		58	2268	
29	843		59	2324	
30	880		60	2380	

Fortsetzung.

(Fichten. III.)

Alter.	Holzmasse Cbfß.	Durchschnittszuwachs, Zuwachsprocent, normaler Vorrath und Nutzungsfaktor.	Alter.	Holzmasse Cbfß.	Durchschnittszuwachs, Zuwachsprocent, normaler Vorrath und Nutzungsfaktor.
61	2436		91	4115	
62	2492		92	4170	
63	2548	Im 70sten Jahre:	93	4225	Im 100sten Jahre:
64	2604	Durchschn.-Zuw. 42 C'	94	4280	Durchschn.-Zuw. 46,1 C'
65	2660	Zuwachsprocent 1,9	95	4335	Zuwachsprocent 1,2
66	2716	Nrm. Vorrath 87355 C'	96	4390	Nrm. Vorrath 201540 C'
67	2772	Nutzungsfaktor 0,03366	97	4445	Nutzungsfactor 0,02287
68	2828		98	4500	
69	2884		99	4555	
70	2940		100	4610	
71	2996		101	4664	
72	3052		102	4718	
73	3108	Im 80sten Jahre:	103	4772	Im 110ten Jahre:
74	3164	Durchschn.-Zuw. 43,7 C'	104	4825	Durchschn.-Zuw. 46,7 C'
75	3220	Zuwachsprocent 1,6	105	4878	Zuwachsprocent 1,0
76	3276	Nrm. Vorrath 119835 C'	106	4931	Nrm. Vorrāth 250576 C'
77	3332	Nutzungsfaktor 0,02921	107	4984	Nutzungsfaktor 0,02051
78	3388		108	5036	
79	3444		109	5088	
80	3500		110	5140	
81	3556		111	5191	
82	3612		112	5242	
83	3668	Im 90sten Jahre:	113	5293	Im 120sten Jahre:
84	3724	Durchschn.-Zuw. 45,1 C'	114	5343	Durchschn.-Zuw. 47 C'
85	3780	Zuwachsprocent 1,4	115	5393	Zuwachsprocent 0,9
86	3836	Nrm. Vorrath 157915 C'	116	5443	Nrm. Vorrath 304747 C'
87	3892	Nutzungsfaktor 0,02571	117	5493	Nutzungsfaktor 0,01851
88	3948		118	5542	
89	4004		119	5591	
90	4060		120	5640	

Tafel 20.

Fichten auf buntem Sandsteingebirge.

(Grafschaft Henneberg.)

IV. Bodenklasse. (Sehr mittelmäßig.)

Alter.	Holzmasse. Cbfß.	Durchschnittszuwachs, Zuwachsprocent, normaler Vorrath und Nutzungsfaktor.	Alter.	Holzmasse. Cbfß.	Durchschnittszuwachs, Zuwachsprocent, normaler Vorrath und Nutzungsfaktor.
1	9		31	748	
2	24		32	782	
3	40		33	816	
4	57	Im 10ten Jahre:	34	850	Im 40sten Jahre:
5	75	Durchschn.-Zuw. 17 C'	35	885	Durchschn.-Zuw. 26,7 C'
6	93	Zuwachsprocent 13,3	36	921	Zuwachsprocent 3,7
7	112	Nrm. Vorrath 861 C'	37	958	Norm. Vorrath 18612 C'
8	131	Nutzungsfaktor 0,19744	38	995	Nutzungsfaktor 0,05749
9	150		39	1032	
10	170		40	1070	
11	191		41	1109	
12	212		42	1149	
13	234		43	1189	
14	257	Im 20sten Jahre:	44	1229	Im 50sten Jahre:
15	281	Durchschn.-Zuw. 20,5 C'	45	1270	Durchschn.-Zuw. 29,8 C'
16	306	Zuwachsprocent 7,0	46	1312	Zuwachsprocent 3,2
17	331	Norm. Vorrath 3823 C'	47	1355	Norm. Vorrath 31558 C'
18	357	Nutzungsfaktor 0,10725	48	1399	Nutzungsfaktor 0,04721
19	383		49	1444	
20	410		50	1490	
21	438		51	1536	
22	467		52	1583	
23	496		53	1630	
24	525	Im 30sten Jahre:	54	1678	Im 60sten Jahre:
25	555	Durchschn.-Zuw. 23,8 C'	55	1727	Durchschn.-Zuw. 32,9 C'
26	586	Zuwachsprocent 4,8	56	1776	Zuwachsprocent 2,6
27	618	Norm. Vorrath 9555 C'	57	1826	Norm. Vorrath 49093 C'
28	650	Nutzungsfaktor 0,07483	58	1876	Nutzungsfaktor 0,04027
29	682		59	1926	
30	715		60	1977	

Fortsetzung.

(Fichten. IV.)

Alter.	Holzmasse. Cbfß.	Durchschnittszuwachs, Zuwachsprocent, normaler Vorrath und Nutzungsfaktor.	Alter.	Holzmasse. Cbfß.	Durchschnittszuwachs, Zuwachsprocent, normaler Vorrath und Nutzungsfaktor.
61	2029	Im 70sten Jahre:	91	3419	Im 100sten Jahre:
62	2082	Durchschn.=Zuw. 35,7 C'	92	3458	Durchschn.=Zuw. 37,7 C'
63	2135	Zuwachsprocent 2,0	93	3497	Zuwachsprocent 1,0
64	2189	Nrm. Vorrath 71749 C'	94	3536	Nrm. Vorrath 167313 C'
65	2242	Nutzungsfaktor 0,03480	95	3575	Nutzungsfaktor 0,02253
66	2294		96	3614	
67	2345		97	3653	
68	2396		98	3692	
69	2447		99	3731	
70	2497		100	3770	
71	2547	Im 80sten Jahre:	101	3808	Im 110ten Jahre:
72	2597	Durchschn.=Zuw. 37,1 C'	102	3846	Durchschn.=Zuw. 37,7 C'
73	2646	Zuwachsprocent 1,5	103	3884	Zuwachsprocent 0,9
74	2695	Norm. Vorrath 99380 C'	104	3922	Nrm. Vorrath 207103 C'
75	2743	Nutzungsfaktor 0,02989	105	3960	Nutzungsfaktor 0,02004
76	2790		106	3998	
77	2836		107	4036	
78	2881		108	4074	
79	2926		109	4112	
80	2970		110	4150	
81	3013	Im 90sten Jahre:	111	4188	Im 120sten Jahre:
82	3055	Durchschn.=Zuw. 37,6 C'	112	4226	Durchschn.=Zuw. 37,7 C'
83	3097	Zuwachsprocent 1,2	113	4263	Zuwachsprocent 0,8
84	3139	Nrm. Vorrath 131368 C'	114	4300	Nrm. Vorrath 250654 C'
85	3180	Nutzungsfaktor 0,02573	115	4337	Nutzungsfaktor 0,01803
86	3221		116	4374	
87	3261		117	4411	
88	3301		118	4448	
89	3341		119	4484	
90	3380		120	4520	

Tafel 21.

Fichten auf buntem Sandsteingebirge.

(Grafschaft Henneberg.)

V. Bodenklasse. (Gering.)

Alter.	Holz=masse. Cbfß.	Durchschnittszuwachs, Zuwachsprocent, normaler Vorrath und Nutzungsfaktor.	Alter.	Holz=masse. Cbfß.	Durchschnittszuwachs, Zuwachsprocent, normaler Vorrath und Nutzungsfaktor.
1	8		31	614	
2	17		32	643	
3	27		33	672	
4	38	Im 10ten Jahre:	34	701	Im 40sten Jahre:
5	50	Durchschn.-Zuw. 12,2 C'	35	731	Durchschn.-Zuw. 22,2 C'
6	63	Zuwachsprocent 15,1	36	761	Zuwachsprocent 3,7
7	77	Norm. Vorrath 599 C'	37	792	Norm. Vorrath 14928 C'
8	91	Nutzungsfaktor 0,20367	38	823	Nutzungsfaktor 0,05942
9	106		39	855	
10	122		40	887	
11	139		41	920	
12	157		42	954	
13	175		43	988	
14	193	Im 20sten Jahre:	44	1023	Im 50sten Jahre:
15	212	Durchschn.-Zuw. 15,9 C'	45	1059	Durchschn.-Zuw. 24,8 C'
16	232	Zuwachsprocent 7,4	46	1095	Zuwachsprocent 3,1
17	253	Norm. Vorrath 2848 C'	47	1131	Norm. Vorrath 25713 C'
18	274	Nutzungsfaktor 0,11166	48	1168	Nutzungsfactor 0,04830
19	296		49	1205	
20	318		50	1242	
21	342		51	1280	
22	367		52	1319	
23	392		53	1358	
24	418	Im 30sten Jahre:	54	1398	Im 60sten Jahre:
25	444	Durchschn.-Zuw. 19,5 C'	55	1439	Durchschn.-Zuw. 27,3 C'
26	471	Zuwachsprocent 5,2	56	1480	Zuwachsprocent 2,4
27	499	Norm. Vorrath 7449 C'	57	1521	Norm. Vorrath 40310 C'
28	527	Nutzungsfaktor 0,07853	58	1561	Nutzungsfaktor 0,04068
29	556		59	1601	
30	585		60	1640	

Fortsetzung.

(Fichten. V.)

Alter.	Holzmasse. Cbfß.	Durchschnittszuwachs, Zuwachsprocent, normaler Vorrath und Nutzungsfaktor.	Alter.	Holzmasse. Cbfß.	Durchschnittszuwachs, Zuwachsprocent, normaler Vorrath und Nutzungsfaktor.
61	1679		81	2324	
62	1717		82	2347	
63	1755		83	2369	
64	1793	Im 70sten Jahre:	84	2390	Im 90sten Jahre:
65	1830	Durchschn.-Zuw. 28,6 C'	85	2410	Durchschn.-Zuw. 27,7 C'
66	1866	Zuwachsprocent 1,7	86	2429	Zuwachsprocent 0,6
67	1901	Norm. Vorrath 58763 C'	87	2446	Nrm. Vorrath 10[illegible]661 C'
68	1936	Nutzungsfaktor 0,03412	88	2462	Nutzungsfaktor 0,0[illegible]379
69	1971		89	2476	
70	2005		90	2490	
71	2039		91	2504	
72	2072		92	2517	
73	2104		93	2530	
74	2135	Im 80sten Jahre:	94	2543	Im 100sten Jahre:
75	2165	Durchschn.-Zuw. 28,7 C'	95	2555	Durchschn.-Zuw. 26 C'
76	2194	Zuwachsprocent 1,1	96	2566	Zuwachsprocent 0,3
77	2222	Norm. Vorrath 80518 C'	97	2575	Nrm. Vorrath 130227 C'
78	2249	Nutzungsfaktor 0,02857	98	2584	Nutzungsfaktor 0,01997
79	2275		99	2592	
80	2300		100	2600	

Tafel 22.

Birken-Niederwald.

I. Bodenklasse.

Alter.	Holzmasse. Cbfß.	Durchschnittszuwachs, Zuwachsprocent, normaler Vorrath und Nutzungsfaktor.	Alter.	Holzmasse. Cbfß.	Durchschnittszuwachs, Zuwachsprocent, normaler Vorrath und Nutzungsfaktor.
1	30	Im 5ten Jahre:	16	781	Im 20sten Jahre:
2	67	Durchschn.-Zuw. 39,6 C'	17	838	Durchschn.-Zuw. 50 C'
3	108	Zuwachsprocent 30,3	18	894	Zuwachsprocent 5,5
4	152	Nrm. Vorrath 555 C'	19	948	Norm. Vorrath 9801 C'
5	198	Nutzungsfactor 0,35676	20	1000	Nutzungsfaktor 0,10203
6	246	Im 10ten Jahre:	21	1049	Im 25sten Jahre:
7	295	Durchschn.-Zuw. 44,8 C'	22	1094	Durchschn.-Zuw. 48,2 C'
8	345	Zuwachsprocent 13,1	23	1134	Zuwachsprocent 2,9
9	396	Norm. Vorrath 2285 C'	24	1170	Norm. Vorrath 15452 C'
10	448	Nutzungsfactor 0,19606	25	1204	Nutzungsfaktor 0,07792
11	501	Im 15ten Jahre:	26	1236	Im 30sten Jahre:
12	555	Durchschn.-Zuw. 48,2 C'	27	1266	Durchschn.-Zuw. 44,9 C'
13	610	Zuwachsprocent 8,6	28	1295	Zuwachsprocent 1,9
14	666	Norm. Vorrath 5340 C'	29	1322	Norm. Vorrath 21918 C'
15	723	Nutzungsfaktor 0,13539	30	1347	Nutzungsfaktor 0,06146

Tafel 23.

Birken-Niederwald.

II. Bodenklasse.

1	23	Im 5ten Jahre:	16	618	Im 20sten Jahre:
2	50	Durchschn.-Zuw. 30 C'	17	664	Durchschn.-Zuw. 39,9 C'
3	80	Zuwachsprocent 31,6	18	710	Zuwachsprocent 5,7
4	114	Norm. Vorrath 417 C'	19	755	Norm. Vorrath 7711 C'
5	150	Nutzungsfaktor 0,35971	20	798	Nutzungsfaktor 0,10349
6	188	Im 10ten Jahre:	21	837	Im 25sten Jahre:
7	227	Durchschn.-Zuw. 35 C'	22	873	Durchschn.-Zuw. 38,2 C'
8	267	Zuwachsprocent 13,6	23	904	Zuwachsprocent 2,6
9	308	Norm. Vorrath 1757 C'	24	931	Norm. Vorrath 12211 C'
10	350	Nutzungsfaktor 0,19920	25	955	Nutzungsfaktor 0,07821
11	393	Im 15ten Jahre:	26	977	Im 30sten Jahre:
12	437	Durchschn.-Zuw. 38,1 C'	27	997	Durchschn.-Zuw. 34,9 C'
13	481	Zuwachsprocent 8,7	28	1015	Zuwachsprocent 1,5
14	526	Norm. Vorrath 4166 C'	29	1032	Norm. Vorrath 17279 C'
15	572	Nutzungsfaktor 0,13730	30	1047	Nutzungsfaktor 0,06059

Tafel 24.

Birken-Niederwald.

III. Bodenklasse.

Alter.	Holz-masse. Cbfß.	Durchschnittszuwachs, Zuwachsprocent, normaler Vorrath und Nutzungsfaktor.	Alter.	Holz-masse. Cbfß.	Durchschnittszuwachs, Zuwachsprocent, normaler Vorrath und Nutzungsfaktor.
1	19	Im 5ten Jahre:	16	548	Im 20sten Jahre:
2	42	Durchschn.-Zuw. 25 C'	17	585	Durchschn.-Zuw. 34 C'
3	67	Zuwachsprocent 31,6	18	619	Zuwachsprocent 4,6
4	95	Norm. Vorrath 348 C'	19	651	Norm. Vorrath 6680 C'
5	125	Nutzungsfaktor 0,35920	20	681	Nutzungsfaktor 0,10195
6	156	Im 10ten Jahre:	21	709	Im 25sten Jahre:
7	189	Durchschn.-Zuw. 30 C'	22	735	Durchschn.-Zuw. 31,9 C'
8	224	Zuwachsprocent 14,9	23	759	Zuwachsprocent 2,3
9	261	Norm. Vorrath 1478 C'	24	780	Norm. Vorrath 10461 C'
10	300	Nutzungsfaktor 0,20298	25	798	Nutzungsfaktor 0,07628
11	340	Im 15ten Jahre:	26	811	Im 30sten Jahre:
12	381	Durchschn.-Zuw. 33,9 C'	27	821	Durchschn.-Zuw. 28,1 C'
13	423	Zuwachsprocent 9,0	28	830	Zuwachsprocent 0,7
14	466	Norm. Vorrath 3596 C'	29	837	Norm. Vorrath 14603 C'
15	508	Nutzungsfaktor 0,14127	30	843	Nutzungsfaktor 0,05773

Tafel 25.

Birken-Niederwald.

IV. Bodenklasse.

1	16	Im 5ten Jahre:	16	316	Im 20sten Jahre:
2	35	Durchschn.-Zuw. 19,4 C'	17	332	Durchschn.-Zuw. 18,7 C'
3	55	Zuwachsprocent 27,6	18	347	Zuwachsprocent 3,6
4	76	Norm. Vorrath 279 C'	19	361	Norm. Vorrath 4108 C'
5	97	Nutzungsfaktor 0,34767	20	374	Nutzungsfaktor 0,09104
6	118	Im 10ten Jahre:	21	386	Im 25sten Jahre:
7	138	Durchschn.-Zuw. 20 C'	22	397	Durchschn.-Zuw. 17 C'
8	159	Zuwachsprocent 11,7	23	407	Zuwachsprocent 1,9
9	179	Norm. Vorrath 1073 C'	24	416	Norm. Vorrath 6138 C'
10	200	Nutzungsfaktor 0,18639	25	424	Nutzungsfaktor 0,06908
11	221	Im 15ten Jahre:	26	431	Im 30sten Jahre:
12	242	Durchschn.-Zuw. 19,9 C'	27	437	Durchschn.-Zuw. 15 C'
13	262	Zuwachsprocent 6,4	28	442	Zuwachsprocent 0,7
14	281	Norm. Vorrath 2378 C'	29	446	Norm. Vorrath 8343 C'
15	299	Nutzungsfaktor 0,12574	30	449	Nutzungsfaktor 0,05382

Tafel 26.

Birken-Niederwald.

V. Bodenklasse.

Alter.	Holzmasse. Cbfß.	Durchschnittszuwachs, Zuwachsprocent, normaler Vorrath und Nutzungsfaktor.	Alter.	Holzmasse. Cbfß.	Durchschnittszuwachs, Zuwachsprocent, normaler Vorrath und Nutzungsfaktor.
1	9	Im 5ten Jahre:	16	219	Im 20sten Jahre:
2	20	Durchschn.-Zuw. 12,2 C'	17	227	Durchschn.-Zuw. 12,1 C'
3	32	Zuwachsprocent 32,6	18	233	Zuwachsprocent 1,7
4	46	Norm. Vorrath 168 C'	19	238	Norm. Vorrath 2786 C'
5	61	Nutzungsfaktor 0,36310	20	242	Nutzungsfaktor 0,08686
6	77	Im 10ten Jahre:	21	246	Im 25sten Jahre:
7	93	Durchschn.-Zuw. 14 C'	22	249	Durchschn.-Zuw. 10,4 C'
8	109	Zuwachsprocent 12,0	23	253	Zuwachsprocent 1,2
9	125	Norm. Vorrath 712 C'	24	257	Norm. Vorrath 4051 C'
10	140	Nutzungsfaktor 0,19663	25	260	Nutzungsfaktor 0,06418
11	155	Im 15ten Jahre:	26	263	Im 30sten Jahre:
12	170	Durchschn.-Zuw. 13,9 C'	27	265	Durchschn.-Zuw. 9 C'
13	184	Zuwachsprocent 6,1	28	267	Zuwachsprocent 0,7
14	197	Norm. Vorrath 1627 C'	29	269	Nrm. Vorrath 5386 C'
15	209	Nutzungsfaktor 0,12846	30	271	Nutzungsfaktor 0,05032

Tafel 27.

Erlen-Niederwald.

I. Bodenklasse.

Alter.	Holzmasse. Cbfß.	Durchschnittszuwachs, Zuwachsprocent, normaler Vorrath und Nutzungsfaktor.	Alter.	Holzmasse. Cbfß.	Durchschnittszuwachs, Zuwachsprocent, normaler Vorrath und Nutzungsfaktor.
1	48	Im 5ten Jahre:	21	1260	Im 25sten Jahre:
2	100	Durchschn.-Zuw. 55 C'	22	1319	Durchschn.-Zuw. 59,8 C'
3	155	Zuwachsprocent 28,5	23	1378	Zuwachsprocent 4,0
4	214	Norm. Vorrath 792 C'	24	1437	Norm. Vorrath 19346 C'
5	275	Nutzungsfaktor 0,34722	25	1495	Nutzungsfaktor 0,07728
6	338	Im 10ten Jahre:	26	1552	Im 30sten Jahre:
7	403	Durchschn.-Zuw. 60 C'	27	1609	Durchschn.-Zuw. 59,4 C'
8	469	Zuwachsprocent 12,1	28	1667	Zuwachsprocent 3,3
9	535	Norm. Vorrath 3137 C'	29	1724	Norm. Vorrath 27679 C'
10	600	Nutzungsfaktor 0,19127	30	1781	Nutzungsfaktor 0,06434
11	663	Im 15ten Jahre:	31	1839	Im 35sten Jahre:
12	724	Durchschn.-Zuw. 60,1 C'	32	1896	Durchschn.-Zuw. 59,1 C'
13	784	Zuwachsprocent 7,0	33	1954	Zuwachsprocent 2,9
14	843	Norm. Vorrath 7053 C'	34	2011	Norm. Vorrath 37448 C'
15	902	Nutzungsfaktor 0,12789	35	2069	Nutzungsfaktor 0,05525
16	962	Im 20sten Jahre:	36	2127	Im 40sten Jahre:
17	1021	Durchschn.-Zuw. 60 C'	37	2185	Durchschn.-Zuw. 58,9 C'
18	1081	Zuwachsprocent 5,3	38	2242	Zuwachsprocent 2,5
19	1140	Nrm. Vorrath 12457 C'	39	2300	Norm. Vorrath 48660 C'
20	1200	Nutzungsfaktor 0,09633	40	2358	Nutzungsfaktor 0,04846

Tafel 28.

Erlen-Niederwald.

II. Bodenklasse.

Alter.	Holzmasse. Cbfß.	Durchschnittszuwachs, Zuwachsprocent, normaler Vorrath und Nutzungsfaktor.	Alter.	Holzmasse. Cbfß.	Durchschnittszuwachs, Zuwachsprocent, normaler Vorrath und Nutzungsfaktor.
1	44	Im 5ten Jahre:	21	1132	Im 25sten Jahre:
2	91	Durchschn.-Zuw. 50 C'	22	1186	Durchschn.-Zuw. 53,8 C'
3	141	Zuwachsprocent 28,9	23	1239	Zuwachsprocent 4,0
4	194	Norm. Vorrath 720 C'	24	1292	Norm. Vorrath 17409 C'
5	250	Nutzungsfaktor 0,34722	25	1344	Nutzungsfaktor 0,07720
6	308	Im 10ten Jahre:	26	1396	Im 30sten Jahre:
7	367	Durchschn.-Zuw. 54 C'	27	1448	Durchschn.-Zuw. 53,3 C'
8	426	Zuwachsprocent 11,6	28	1499	Zuwachsprocent 3,2
9	484	Nrm. Vorrath 2845 C'	29	1549	Nrm. Vorrath 24900 C'
10	540	Nutzungsfaktor 0,18981	30	1599	Nutzungsfaktor 0,06422
11	595	Im 15ten Jahre:	31	1649	Im 35sten Jahre:
12	649	Durchschn.-Zuw. 54 C'	32	1698	Durchschn.-Zuw. 52,7 C'
13	703	Zuwachsprocent 7,1	33	1747	Zuwachsprocent 2,7
14	756	Nrm. Vorrath 6358 C'	34	1796	Norm. Vorrath 33634 C'
15	810	Nutzungsfaktor 0,12740	35	1844	Nutzungsfaktor 0,05483
16	864	Im 20sten Jahre:	36	1892	Im 40sten Jahre:
17	918	Durchschn.-Zuw. 53,9 C'	37	1939	Durchschn.-Zuw. 52 C'
18	972	Zuwachsprocent 5,3	38	1986	Zuwachsprocent 2,3
19	1025	Nrm. Vorrath 11216 C'	39	2033	Nrm. Vorrath 43563 C'
20	1079	Nutzungsfaktor 0,09620	40	2079	Nutzungsfaktor 0,04772

Tafel 29.

Erlen-Niederwald.

III. Bodenklasse.

Alter.	Holzmasse. Cbfß.	Durchschnittszuwachs, Zuwachsprocent, normaler Vorrath und Nutzungsfaktor.	Alter.	Holzmasse. Cbfß.	Durchschnittszuwachs, Zuwachsprocent, normaler Vorrath und Nutzungsfaktor.
1	40	Im 5ten Jahre:	21	971	Im 25sten Jahre:
2	83	Durchschn.-Zuw. 44 C'	22	1016	Durchschn.-Zuw. 45,9 C'
3	127	Zuwachsprocent 27,2	23	1061	Zuwachsprocent 3,9
4	173	Norm. Vorrath 643 C'	24	1105	Norm. Vorrath 14925 C'
5	220	Nutzungsfaktor 0,34215	25	1148	Nutzungsfaktor 0,07692
6	268	Im 10ten Jahre:	26	1190	Im 30sten Jahre:
7	317	Durchschn.-Zuw. 46 C'	27	1231	Durchschn.-Zuw. 44,9 C'
8	365	Zuwachsprocent 11,4	28	1270	Zuwachsprocent 2,9
9	413	Norm. Vorrath 2466 C'	29	1309	Norm. Vorrath 21272 C'
10	460	Nutzungsfaktor 0,18654	30	1347	Nutzungsfaktor 0,06332
11	506	Im 15ten Jahre:	31	1386	Im 35sten Jahre:
12	553	Durchschn.-Zuw. 46,2 C'	32	1424	Durchschn.-Zuw. 43,9 C'
13	599	Zuwachsprocent 7,3	33	1462	Zuwachsprocent 2,5
14	646	Norm. Vorrath 5463 C'	34	1500	Norm. Vorrath 28581 C'
15	693	Nutzungsfaktor 0,12685	35	1537	Nutzungsfaktor 0,05378
16	739	Im 20sten Jahre:	36	1574	Im 40sten Jahre:
17	786	Durchschn.-Zuw. 46,2 C'	37	1610	Durchschn.-Zuw. 42,9 C'
18	832	Zuwachsprocent 5,2	38	1646	Zuwachsprocent 2,1
19	879	Norm. Vorrath 9624 C'	39	1681	Norm. Vorrath 36808 C'
20	925	Nutzungsfaktor 0,09611	40	1716	Nutzungsfaktor 0,04662

Tafel 30.

Erlen-Niederwald.

IV. Bodenklasse.

Alter.	Holzmasse. Cbfß.	Durchschnittszuwachs, Zuwachsprocent, normaler Vorrath und Nutzungsfaktor.	Alter.	Holzmasse. Cbfß.	Durchschnittszuwachs, Zuwachsprocent, normaler Vorrath und Nutzungsfaktor.
1	35	Im 5ten Jahre:	21	841	Im 25sten Jahre:
2	72	Durchschn.-Zuw. 38 C'	22	880	Durchschn.-Zuw. 39,8 C'
3	110	Zuwachsprocent 27,5	23	919	Zuwachsprocent 3,9
4	149	Norm. Vorrath 556 C'	24	957	Nrm. Vorrath 12943 C'
5	190	Nutzungsfaktor 0,34173	25	994	Nutzungsfaktor 0,07680
6	232	Im 10ten Jahre:	26	1031	Im 30sten Jahre:
7	275	Durchschn.-Zuw. 40 C'	27	1067	Durchschn.-Zuw. 39 C'
8	317	Zuwachsprocent 11,4	28	1102	Zuwachsprocent 2,9
9	359	Norm. Vorrath 2139 C'	29	1136	Nrm. Vorrath 18448 C'
10	400	Nutzungsfaktor 0,18700	30	1169	Nutzungsfaktor 0,06337
11	440	Im 15ten Jahre:	31	1202	Im 35sten Jahre:
12	480	Durchschn.-Zuw. 40,1 C'	32	1235	Durchschn.-Zuw. 38 C'
13	521	Zuwachsprocent 7,1	33	1267	Zuwachsprocent 2,4
14	561	Norm. Vorrath 4742 C'	34	1299	Norm. Vorrath 24781 C'
15	601	Nutzungsfaktor 0,12674	35	1330	Nutzungsfaktor 0,05367
16	642	Im 20sten Jahre:	36	1361	Im 40sten Jahre:
17	682	Durchschn.-Zuw. 40,1 C'	37	1392	Durchschn.-Zuw. 37 C'
18	722	Zuwachsprocent 5,2	38	1422	Zuwachsprocent 2,0
19	762	Nrm. Vorrath 8352 C'	39	1452	Norm. Vorrath 31889 C'
20	802	Nutzungsfaktor 0,09602	40	1481	Nutzungsfaktor 0,04644

Tafel 31.

Erlen-Niederwald.

V. Bodenklasse.

Alter.	Holzmasse. Cbfß.	Durchschnittszuwachs, Zuwachsprocent, normaler Vorrath und Nutzungsfaktor.	Alter.	Holzmasse. Cbfß.	Durchschnittszuwachs, Zuwachsprocent, normaler Vorrath und Nutzungsfaktor.
1	29	Im 5ten Jahre:	21	714	Im 25sten Jahre:
2	60	Durchschn.-Zuw. 32 C'	22	748	Durchschn.-Zuw. 33,9 C'
3	92	Zuwachsprocent 28,0	23	782	Zuwachsprocent 3,9
4	125	Norm. Vorrath 466 C'	24	815	Norm. Vorrath 10985 C'
5	160	Nutzungsfactor 0,34335	25	847	Nutzungsfaktor 0,07711
6	196	Im 10ten Jahre:	26	878	Im 30sten Jahre:
7	233	Durchschn.-Zuw. 34 C'	27	908	Durchschn.-Zuw. 33,1 C'
8	269	Zuwachsprocent 11,5	28	937	Zuwachsprocent 2,8
9	305	Norm. Vorrath 1809 C'	29	965	Norm. Vorrath 15665 C'
10	340	Nutzungsfaktor 0,18795	30	992	Nutzungsfaktor 0,06333
11	374	Im 15ten Jahre:	31	1018	Im 35sten Jahre:
12	408	Durchschn.-Zuw. 34 C'	32	1043	Durchschn.-Zuw. 31,7 C'
13	442	Zuwachsprocent 7,1	33	1067	Zuwachsprocent 1,9
14	476	Norm. Vorrath 4019 C'	34	1089	Norm. Vorrath 20992 C'
15	510	Nutzungsfaktor 0,12690	35	1110	Nutzungsfaktor 0,05288
16	544	Im 20sten Jahre:	36	1130	Im 40sten Jahre:
17	578	Durchschn.-Zuw. 34 C'	37	1149	Durchschn.-Zuw. 30 C'
18	612	Zuwachsprocent 5,3	38	1167	Zuwachsprocent 1,4
19	646	Norm. Vorrath 7079 C'	39	1184	Norm. Vorrath 26823 C'
20	680	Nutzungsfaktor 0,09606	40	1201	Nutzungsfaktor 0,04478

Tafel 32.

Erlen = Niederwald.

VI. Bodenklasse.

Alter.	Holz-masse. Cbfß.	Durchschnittszuwachs, Zuwachsprocent, normaler Vorrath und Nutzungsfaktor.	Alter.	Holz-masse. Cbfß.	Durchschnittszuwachs, Zuwachsprocent, normaler Vorrath und Nutzungsfaktor.
1	24	Im 5ten Jahre:	21	545	Im 25sten Jahre:
2	49	Durchschn.=Zuw. 25 C'	22	570	Durchschn.=Zuw. 25,8 C'
3	74	Zuwachsprocent 26,3	23	596	Zuwachsprocent 4,0
4	99	Norm. Vorrath 371 C'	24	621	Norm. Vorrath 8405 C'
5	125	Nutzungsfaktor 0,33693	25	646	Nutzungsfaktor 0,07686
6	151	Im 10ten Jahre:	26	670	Im 30sten Jahre:
7	178	Durchschn.=Zuw. 26 C'	27	693	Durchschn.=Zuw. 25,3 C'
8	206	Zuwachsprocent 11,6	28	715	Zuwachsprocent 2,8
9	233	Norm. Vorrath 1399 C'	29	737	Norm. Vorrath 11978 C'
10	260	Nutzungsfaktor 0,18585	30	758	Nutzungsfaktor 0,06328
11	286	Im 15ten Jahre:	31	778	Im 35sten Jahre:
12	312	Durchschn.=Zuw. 26 C'	32	797	Durchschn.=Zuw. 24 C'
13	338	Zuwachsprocent 7,1	33	814	Zuwachsprocent 1,4
14	364	Norm. Vorrath 3089 C'	34	829	Nrm. Vorrath 16037 C'
15	390	Nutzungsfaktor 0,12625	35	841	Nutzungsfaktor 0,05244
16	416	Im 20sten Jahre:	36	851	Im 40sten Jahre:
17	442	Durchschn.=Zuw. 25,9 C'	37	860	Durchschn.=Zuw. 22 C'
18	468	Zuwachsprocent 5,3	38	868	Zuwachsprocent 0,7
19	493	Norm. Vorrath 5427 C'	39	875	Norm. Vorrath 20372 C'
20	519	Nutzungsfaktor 0,09563	40	881	Nutzungsfaktor 0,04325

Tafel 33.

Erlen-Niederwald.

VII. Bodenklasse.

Alter.	Holzmasse. Cbfß.	Durchschnittszuwachs, Zuwachsprocent, normaler Vorrath und Nutzungsfaktor.	Alter.	Holzmasse. Cbfß.	Durchschnittszuwachs, Zuwachsprocent, normaler Vorrath und Nutzungsfaktor.
1	18	Im 5ten Jahre:	21	441	Im 25sten Jahre:
2	38	Durchschn.-Zuw. 20 C'	22	462	Durchschn.-Zuw. 20,9 C'
3	58	Zuwachsprocent 26,6	23	483	Zuwachsprocent 3,8
4	79	Norm. Vorrath 293 C'	24	503	Norm. Vorrath 6792 C'
5	100	Nutzungsfaktor 0,34130	25	522	Nutzungsfaktor 0,07686
6	122	Im 10ten Jahre:	26	540	Im 30sten Jahre:
7	145	Durchschn.-Zuw. 21 C'	27	557	Durchschn.-Zuw. 20 C'
8	167	Zuwachsprocent 11,1	28	573	Zuwachsprocent 2,2
9	189	Norm. Vorrath 1126 C'	29	587	Norm. Vorrath 9649 C'
10	210	Nutzungsfaktor 0,18650	30	600	Nutzungsfaktor 0,06218
11	231	Im 15ten Jahre:	31	613	Im 35sten Jahre:
12	252	Durchschn.-Zuw. 21 C'	32	625	Durchschn.-Zuw. 18,8 C'
13	273	Zuwachsprocent 7,1	33	637	Zuwachsprocent 1,5
14	294	Norm. Vorrath 2491 C'	34	648	Nrm. Vorrath 12830 C'
15	315	Nutzungsfaktor 0,12646	35	658	Nutzungsfaktor 0,05129
16	336	Im 20sten Jahre:	36	666	Im 40sten Jahre:
17	357	Durchschn.-Zuw. 21 C'	37	672	Durchschn.-Zuw. 17 C'
18	378	Zuwachsprocent 5,3	38	676	Zuwachsprocent 0,4
19	399	Norm. Vorrath 4381 C'	39	679	Norm. Vorrath 16205 C'
20	420	Nutzungsfaktor 0,09587	40	682	Nutzungsfaktor 0,04209

Tafel 34.

Erlen-Niederwald.

VIII. Bodenklasse.

Alter.	Holzmasse. Cbfß.	Durchschnittszuwachs, Zuwachsprocent, normaler Vorrath und Nutzungsfaktor.	Alter.	Holzmasse. Cbfß.	Durchschnittszuwachs, Zuwachsprocent, normaler Vorrath und Nutzungsfaktor.
1	12	Im 5ten Jahre:	21	273	Im 25sten Jahre:
2	25	Durchschn.-Zuw. 13 C'	22	286	Durchschn.-Zuw. 12,8 C'
3	38	Zuwachsprocent 27,5	23	298	Zuwachsprocent 3,5
4	51	Norm. Vorrath 191 C'	24	310	Norm. Vorrath 4214 C'
5	65	Nutzungsfactor 0,34031	25	321	Nutzungsfaktor 0,07617
6	78	Im 10ten Jahre:	26	331	Im 30sten Jahre:
7	91	Durchschn.-Zuw. 13 C'	27	340	Durchschn.-Zuw. 12,1 C'
8	104	Zuwachsprocent 11,1	28	349	Zuwachsprocent 2,0
9	117	Norm. Vorrath 711 C'	29	357	Norm. Vorrath 5955 C'
10	130	Nutzungsfaktor 0,18284	30	364	Nutzungsfaktor 0,06113
11	143	Im 15ten Jahre:	31	371	Im 35sten Jahre:
12	156	Durchschn.-Zuw. 13 C'	32	377	Durchschn.-Zuw. 11 C'
13	169	Zuwachsprocent 7,1	33	382	Zuwachsprocent 0,3
14	182	Norm. Vorrath 1556 C'	34	384	Norm. Vorrath 7854 C'
15	195	Nutzungsfaktor 0,12532	35	385	Nutzungsfaktor 0,04902
16	208	Im 20sten Jahre:	36	384	Im 40sten Jahre:
17	221	Durchschn.-Zuw. 13 C'	37	381	Durchschn.-Zuw. 9 C'
18	234	Zuwachsprocent 5,3	38	376	Zuwachsprocent — 2,2
19	247	Norm. Vorrath 2726 C'	39	369	Norm. Vorrath 9725 C'
20	260	Nutzungsfaktor 0,09538	40	361	Nutzungsfaktor 0,03712

Tafel 35.

Erlen-Niederwald.

IX. Bodenklasse.

Alter	Holzmasse Cbfß.	Durchschnittszuwachs, Zuwachsprocent, normaler Vorrath und Nutzungsfaktor.	Alter.	Holzmasse Cbfß.	Durchschnittszuwachs, Zuwachsprocent, normaler Vorrath und Nutzungsfaktor.
1	8	Im 5ten Jahre:	21	194	Im 25sten Jahre:
2	18	Durchschn.-Zuw. 10 C'	22	200	Durchschn.-Zuw. 8,7 C'
3	29	Zuwachsprocent 28,2	23	206	Zuwachsprocent 2,4
4	39	Norm. Vorrath 144 C'	24	212	Norm. Vorrath 3076 C'
5	50	Nutzungsfaktor 0,34722	25	217	Nutzungsfaktor 0,07055
6	60	Im 10ten Jahre:	26	222	Im 30sten Jahre:
7	70	Durchschn.-Zuw. 10 C'	27	226	Durchschn.-Zuw. 7,9 C'
8	80	Zuwachsprocent 11,1	28	230	Zuwachsprocent 1,3
9	90	Norm. Vorrath 544 C'	29	234	Norm. Vorrath 4225 C'
10	100	Nutzungsfaktor 0,18382	30	237	Nutzungsfaktor 0,05609
11	110	Im 15ten Jahre:	31	240	Im 35sten Jahre:
12	120	Durchschn.-Zuw. 9,8 C'	32	242	Durchschn.-Zuw. 7 C'
13	129	Zuwachsprocent 6,5	33	243	Zuwachsprocent 0
14	138	Norm. Vorrath 1188 C'	34	244	Norm. Vorrath 5438 C'
15	147	Nutzungsfaktor 0,12374	35	244	Nutzungsfaktor 0,04487
16	156	Im 20sten Jahre:			
17	164	Durchschn.-Zuw. 9,3 C'			
18	172	Zuwachsprocent 3,9			
19	180	Norm. Vorrath 2047 C'			
20	187	Nutzungsfaktor 0,09135			

Tafel 36.

Erlen-Niederwald.

X. Bodenklasse.

Alter.	Holzmasse Cbfß.	Durchschnittszuwachs, Zuwachsprocent, normaler Vorrath und Nutzungsfaktor.	Alter.	Holzmasse Cbfß.	Durchschnittszuwachs, Zuwachsprocent, normaler Vorrath und Nutzungsfaktor.
1	4	Im 5ten Jahre:	16	79	Im 20sten Jahre:
2	9	Durchschn.-Zuw. 5 C'	17	83	Durchschn.-Zuw. 4,6 C'
3	14	Zuwachsprocent 25,0	18	87	Zuwachsprocent 3,3
4	20	Norm. Vorrath 72 C'	19	90	Norm. Vorrath 1029 C'
5	25	Nutzungsfaktor 0,34722	20	93	Nutzungsfaktor 0,09038
6	30	Im 10ten Jahre:	21	96	Im 25sten Jahre:
7	35	Durchschn.-Zuw. 5 C'	22	99	Durchschn.-Zuw. 4,3 C'
8	40	Zuwachsprocent 11,1	23	102	Zuwachsprocent 2,9
9	45	Norm. Vorrath 272 C'	24	104	Norm. Vorrath 1537 C'
10	50	Nutzungsfaktor 0,18382	25	107	Nutzungsfaktor 0,06962
11	55	Im 15ten Jahre:	26	110	Im 30sten Jahre:
12	60	Durchschn.-Zuw. 5 C'	27	112	Durchschn.-Zuw. 4 C'
13	65	Zuwachsprocent 7,1	28	115	Zuwachsprocent 1,7
14	70	Norm. Vorrath 597 C'	29	117	Norm. Vorrath 2110 C'
15	75	Nutzungsfaktor 0,12563	30	119	Nutzungsfaktor 0,05640

Tafel 37.

Eichen-Niederwald.

I. Bodenklasse.

Alter.	Holzmasse Cbfß.	Durchschnittszuwachs, Zuwachsprocent, normaler Vorrath und Nutzungsfaktor.	Alter.	Holzmasse Cbfß.	Durchschnittszuwachs, Zuwachsprocent, normaler Vorrath und Nutzungsfaktor.
1	37	Im 5ten Jahre:	16	606	Im 20sten Jahre:
2	75	Durchschn.-Zuw. 38 C'	17	641	Durchschn.-Zuw. 37 C'
3	113	Zuwachsprocent 25,8	18	675	Zuwachsprocent 4,7
4	151	Norm. Vorrath 566 C'	19	708	Norm. Vorrath 7937 C'
5	190	Nutzungsfaktor 0,33569	20	741	Nutzungsfaktor 0,09336
6	228	Im 10ten Jahre:	21	773	Im 25sten Jahre:
7	266	Durchschn.-Zuw. 38,1 C'	22	805	Durchschn.-Zuw. 36 C'
8	305	Zuwachsprocent 11,1	23	837	Zuwachsprocent 3,6
9	343	Norm. Vorrath 2089 C'	24	869	Norm. Vorrath 12121 C'
10	381	Nutzungsfaktor 0,18238	25	900	Nutzungsfaktor 0,07425
11	420	Im 15ten Jahre:	26	931	Im 30sten Jahre:
12	458	Durchschn.-Zuw. 38 C'	27	961	Durchschn.-Zuw. 35 C'
13	496	Zuwachsprocent 6,9	28	991	Zuwachsprocent 2,8
14	533	Norm. Vorrath 4566 C'	29	1021	Norm. Vorrath 17075 C'
15	570	Nutzungsfaktor 0,12484	30	1050	Nutzungsfaktor 0,06149

Tafel 38.

Eichen-Niederwald.

II. Bodenklasse.

1	32	Im 5ten Jahre:	16	525	Im 20sten Jahre:
2	65	Durchschn.-Zuw. 33 C'	17	556	Durchschn.-Zuw. 32 C'
3	98	Zuwachsprocent 25,0	18	585	Zuwachsprocent 4,6
4	132	Norm. Vorrath 492 C'	19	613	Norm. Vorrath 6887 C'
5	165	Nutzungsfaktor 0,33537	20	641	Nutzungsfaktor 0,09307
6	198	Im 10ten Jahre:	21	669	Im 25sten Jahre:
7	232	Durchschn.-Zuw. 33,1 C'	22	696	Durchschn.-Zuw. 31 C'
8	265	Zuwachsprocent 11,1	23	723	Zuwachsprocent 3,5
9	298	Norm. Vorrath 1816 C'	24	749	Norm. Vorrath 10499 C'
10	331	Nutzungsfaktor 0,18227	25	775	Nutzungsfaktor 0,07382
11	365	Im 15ten Jahre:	26	801	Im 30sten Jahre:
12	398	Durchschn.-Zuw. 32,9 C'	27	826	Durchschn.-Zuw. 30 C'
13	431	Zuwachsprocent 6,7	28	851	Zuwachsprocent 2,7
14	463	Norm. Vorrath 3967 C'	29	876	Norm. Vorrath 14753 C'
15	494	Nutzungsfaktor 0,12453	30	900	Nutzungsfaktor 0,06100

Tafel 39.

Eichen-Niederwald.

III. Bodenklasse.

Alter.	Holzmasse. Cbfß.	Durchschnittszuwachs, Zuwachsprocent, normaler Vorrath und Nutzungsfaktor.	Alter.	Holzmasse. Cbfß.	Durchschnittszuwachs, Zuwachsprocent, normaler Vorrath und Nutzungsfaktor.
1	27	Im 5ten Jahre:	16	444	Im 20sten Jahre:
2	55	Durchschn.-Zuw. 28 C'	17	469	Durchschn.-Zuw. 27 C'
3	83	Zuwachsprocent 25,0	18	493	Zuwachsprocent 4,4
4	112	Norm. Vorrath 417 C'	19	517	Norm. Vorrath 5830 C'
5	140	Nutzungsfaktor 0,33573	20	540	Nutzungsfaktor 0,09262
6	168	Im 10ten Jahre:	21	563	Im 25sten Jahre:
7	197	Durchschn.-Zuw. 28,1 C'	22	585	Durchschn.-Zuw. 26 C'
8	225	Zuwachsprocent 11,1	23	607	Zuwachsprocent 3,3
9	253	Norm. Vorrath 1541 C'	24	629	Norm. Vorrath 8864 C'
10	281	Nutzungsfaktor 0,18235	25	650	Nutzungsfaktor 0,07333
11	310	Im 15ten Jahre:	26	671	Im 30sten Jahre:
12	338	Durchschn.-Zuw. 27,9 C'	27	691	Durchschn.-Zuw. 25 C'
13	366	Zuwachsprocent 6,6	28	711	Zuwachsprocent 2,6
14	393	Norm. Vorrath 3367 C'	29	731	Nrm. Vorrath 12418 C'
15	419	Nutzungsfaktor 0,12444	30	750	Nutzungsfaktor 0,06040

Tafel 40.

Eichen-Niederwald.

IV. Bodenklasse.

1	22	Im 5ten Jahre:	16	364	Im 20sten Jahre:
2	45	Durchschn.-Zuw. 23 C'	17	384	Durchschn.-Zuw. 22 C'
3	68	Zuwachsprocent 25,0	18	403	Zuwachsprocent 4,3
4	92	Norm. Vorrath 342 C'	19	422	Nrm. Vorrath 4780 C'
5	115	Nutzungsfaktor 0,33626	20	440	Nutzungsfactor 0,09205
6	138	Im 10ten Jahre:	21	458	Im 25sten Jahre:
7	162	Durchschn.-Zuw. 23,1 C'	22	475	Durchschn.-Zuw. 21 C'
8	185	Zuwachsprocent 11,1	23	492	Zuwachsprocent 3,1
9	208	Norm. Vorrath 1266 C'	24	509	Norm. Vorrath 7239 C'
10	231	Nutzungsfaktor 0,18246	25	525	Nutzungsfactor 0,07252
11	255	Im 15ten Jahre:	26	541	Im 30sten Jahre:
12	278	Durchschn.-Zuw. 22,9 C'	27	556	Durchschn.-Zuw. 20 C'
13	301	Zuwachsprocent 6,5	28	571	Zuwachsprocent 2,4
14	323	Norm. Vorrath 2767 C'	29	586	Norm. Vorrath 10093 C'
15	344	Nutzungsfaktor 0,12432	30	600	Nutzungsfaktor 0,05945

Tafel 41.

Eichen = Niederwald.

V. Bodenklasse.

Alter.	Holz-masse. Cbfß.	Durchschnittszuwachs, Zuwachsprocent, normaler Vorrath und Nutzungsfaktor.	Alter.	Holz-masse. Cbfß.	Durchschnittszuwachs, Zuwachsprocent, normaler Vorrath und Nutzungsfaktor.
1	16	Im 5ten Jahre:	16	253	Im 20sten Jahre:
2	33	Durchschn.=Zuw. 17 C'	17	265	Durchschn.=Zuw. 15 C'
3	50	Zuwachsprocent 25,0	18	277	Zuwachsprocent 3,8
4	68	Norm. Vorrath 252 C'	19	289	Norm. Vorrath 3385 C'
5	85	Nutzungsfaktor 0,33730	20	300	Nutzungsfaktor 0,08863
6	102	Im 10ten Jahre:	21	311	Im 25sten Jahre:
7	120	Durchschn.=Zuw. 17 C'	22	321	Durchschn.=Zuw. 14 C'
8	137	Zuwachsprocent 10,4	23	331	Zuwachsprocent 2,6
9	154	Norm. Vorrath 935 C'	24	341	Norm. Vorrath 5039 C'
10	170	Nutzungsfaktor 0,18182	25	350	Nutzungsfaktor 0,06946
11	185	Im 15ten Jahre:	26	356	Im 30sten Jahre:
12	200	Durchschn.=Zuw. 16 C'	27	359	Durchschn.=Zuw. 12 C'
13	214	Zuwachsprocent 5,7	28	360	Zuwachsprocent 0
14	227	Norm. Vorrath 2001 C'	29	360	Norm. Vorrath 6834 C'
15	240	Nutzungsfaktor 0,11994	30	360	Nutzungsfaktor 0,05268

Tafel 42.

Buchen- und Hainbuchen-Niederwald.

I. Bodenklasse.

Alter.	Holzmasse. Cbfß.	Durchschnittszuwachs, Zuwachsprocent, normaler Vorrath und Nutzungsfaktor.	Alter.	Holzmasse. Cbfß.	Durchschnittszuwachs, Zuwachsprocent, normaler Vorrath und Nutzungsfaktor.
1	18	Im 5ten Jahre:	21	509	Im 25sten Jahre:
2	37	Durchschn.-Zuw. 20 C'	22	539	Durchschn.-Zuw. 25 C'
3	57	Zuwachsprocent 28,2	23	569	Zuwachsprocent 4,7
4	78	Norm. Vorrath 290 C'	24	598	Norm. Vorrath 7590 C'
5	100	Nutzungsfaktor 0,34483	25	626	Nutzungsfaktor 0,08248
6	123	Im 10ten Jahre:	26	653	Im 30sten Jahre:
7	147	Durchschn.-Zuw. 22 C'	27	679	Durchschn.-Zuw. 25,1 C'
8	171	Zuwachsprocent 12,8	28	704	Zuwachsprocent 3,3
9	195	Norm. Vorrath 1146 C'	29	729	Norm. Vorrath 11108 C'
10	220	Nutzungsfaktor 0,19197	30	753	Nutzungsfaktor 0,06779
11	245	Im 15ten Jahre:	31	778	Im 35sten Jahre:
12	270	Durchschn.-Zuw. 23,1 C'	32	803	Durchschn.-Zuw. 25 C'
13	295	Zuwachsprocent 8,1	33	827	Zuwachsprocent 2,8
14	320	Norm. Vorrath 2622 C'	34	852	Norm. Vorrath 15244 C'
15	346	Nutzungsfaktor 0,13196	35	876	Nutzungsfaktor 0,05747
16	372	Im 20sten Jahre:	36	901	Im 40sten Jahre:
17	398	Durchschn.-Zuw. 24 C'	37	926	Durchschn.-Zuw. 25 C'
18	425	Zuwachsprocent 6,2	38	950	Zuwachsprocent 2,5
19	452	Norm. Vorrath 4749 C'	39	975	Norm. Vorrath 19995 C'
20	480	Nutzungsfaktor 0,10107	40	999	Nutzungsfaktor 0,04996

Tafel 43.

Buchen- und Hainbuchen-Niederwald.

II. Bodenklasse.

Alter.	Holzmasse Cbfß.	Durchschnittszuwachs, Zuwachsprocent, normaler Vorrath und Nutzungsfaktor.	Alter.	Holzmasse Cbfß.	Durchschnittszuwachs, Zuwachsprocent, normaler Vorrath und Nutzungsfaktor.
1	16	Im 5ten Jahre:	21	466	Im 25sten Jahre:
2	33	Durchschn.-Zuw. 18 C'	22	493	Durchschn.-Zuw. 23 C'
3	51	Zuwachsprocent 28,6	23	521	Zuwachsprocent 4,7
4	70	Norm. Vorrath 260 C'	24	548	Norm. Vorrath 6931 C'
5	90	Nutzungsfaktor 0,34615	25	574	Nutzungsfaktor 0,08282
6	111	Im 10ten Jahre:	26	599	Im 30sten Jahre:
7	133	Durchschn.-Zuw. 20 C'	27	623	Durchschn.-Zuw. 23,1 C'
8	155	Zuwachsprocent 13,0	28	647	Zuwachsprocent 3,4
9	177	Norm. Vorrath 1036 C'	29	670	Norm. Vorrath 10163 C'
10	200	Nutzungsfaktor 0,19305	30	693	Nutzungsfaktor 0,06819
11	223	Im 15ten Jahre:	31	716	Im 35sten Jahre:
12	246	Durchschn.-Zuw. 21,1 C'	32	739	Durchschn.-Zuw. 22,9 C'
13	269	Zuwachsprocent 8,2	33	761	Zuwachsprocent 2,6
14	292	Norm. Vorrath 2382 C'	34	783	Nrm. Vorrath 13965 C'
15	316	Nutzungsfaktor 0,13266	35	803	Nutzungsfaktor 0,05750
16	340	Im 20sten Jahre:	36	821	Im 40sten Jahre:
17	364	Durchschn.-Zuw. 22 C'	37	837	Durchschn.-Zuw. 22 C'
18	389	Zuwachsprocent 6,3	38	852	Zuwachsprocent 1,5
19	414	Norm. Vorrath 4329 C'	39	866	Norm. Vorrath 18220 C'
20	440	Nutzungsfaktor 0,10164	40	879	Nutzungsfaktor 0,04824

Tafel 44.

Buchen- und Hainbuchen-Niederwald.

III. Bodenklasse.

Alter.	Holz-masse. Cbfß.	Durchschnittszuwachs, Zuwachsprocent, normaler Vorrath und Nutzungsfaktor.	Alter.	Holz-masse. Cbfß.	Durchschnittszuwachs, Zuwachsprocent, normaler Vorrath und Nutzungsfaktor.
1	14	Im 5ten Jahre:	21	419	Im 25sten Jahre:
2	29	Durchschn.-Zuw. 16 C'	22	440	Durchschn.-Zuw. 20 C'
3	45	Zuwachsprocent 29,0	23	460	Zuwachsprocent 4,2
4	62	Norm. Vorrath 230 C'	24	480	Norm. Vorrath 6192 C'
5	80	Nutzungsfactor 0,34783	25	500	Nutzungsfaktor 0,08075
6	99	Im 10ten Jahre:	26	520	Im 30sten Jahre:
7	118	Durchschn.-Zuw. 17,8 C'	27	540	Durchschn.-Zuw. 19,9 C'
8	138	Zuwachsprocent 12,7	28	559	Zuwachsprocent 3,1
9	158	Norm. Vorrath 921 C'	29	578	Norm. Vorrath 8985 C'
10	178	Nutzungsfaktor 0,19327	30	596	Nutzungsfaktor 0,06633
11	199	Im 15ten Jahre:	31	612	Im 35sten Jahre:
12	220	Durchschn.-Zuw. 19 C'	32	627	Durchschn.-Zuw. 19,1 C'
13	241	Zuwachsprocent 8,4	33	641	Zuwachsprocent 2,0
14	263	Norm. Vorrath 2129 C'	34	654	Norm. Vorrath 12186 C'
15	285	Nutzungsfaktor 0,13387	35	667	Nutzungsfaktor 0,05473
16	307	Im 20sten Jahre:	36	679	Im 40sten Jahre:
17	330	Durchschn.-Zuw. 19,9 C'	37	691	Durchschn.-Zuw. 18 C'
18	353	Zuwachsprocent 5,9	38	702	Zuwachsprocent 1,3
19	376	Norm. Vorrath 3893 C'	39	712	Norm. Vorrath 15691 C'
20	398	Nutzungsfaktor 0,10223	40	721	Nutzungsfaktor 0,04595

Tafel 45.

Buchen- und Hainbuchen-Niederwald.

IV. Bodenklasse.

Alter.	Holzmasse. Cbfß.	Durchschnittszuwachs, Zuwachsprocent, normaler Vorrath und Nutzungsfaktor.	Alter.	Holzmasse. Cbfß.	Durchschnittszuwachs, Zuwachsprocent, normaler Vorrath und Nutzungsfaktor.
1	12	Im 5ten Jahre:	21	331	Im 25sten Jahre:
2	25	Durchschn.-Zuw. 14 C'	22	343	Durchschn.-Zuw. 15 C'
3	39	Zuwachsprocent 29,6	23	354	Zuwachsprocent 2,7
4	54	Norm. Vorrath 200 C'	24	365	Norm. Vorrath 5009 C'
5	70	Nutzungsfaktor 0,35000	25	375	Nutzungsfaktor 0,07487
6	85	Im 10ten Jahre:	26	385	Im 30sten Jahre:
7	101	Durchschn.-Zuw. 15 C'	27	394	Durchschn.-Zuw. 14 C'
8	117	Zuwachsprocent 12,8	28	403	Zuwachsprocent 1,9
9	133	Norm. Vorrath 786 C'	29	412	Norm. Vorrath 7023 C'
10	150	Nutzungsfaktor 0,19084	30	420	Nutzungsfaktor 0,05980
11	167	Im 15ten Jahre:	31	428	Im 35sten Jahre:
12	185	Durchschn.-Zuw. 15,9 C'	32	435	Durchschn.-Zuw. 13 C'
13	203	Zuwachsprocent 8,1	33	442	Zuwachsprocent 1,3
14	221	Norm. Vorrath 1801 C'	34	449	Norm. Vorrath 9232 C'
15	239	Nutzungsfaktor 0,13270	35	455	Nutzungsfaktor 0,04929
16	256	Im 20sten Jahre:	36	461	Im 40sten Jahre:
17	273	Durchschn.-Zuw. 15,9 C'	37	466	Durchschn.-Zuw. 12 C'
18	289	Zuwachsprocent 4,6	38	471	Zuwachsprocent 0,8
19	304	Norm. Vorrath 3241 C'	39	476	Norm. Vorrath 11586 C'
20	318	Nutzungsfaktor 0,09812	40	480	Nutzungsfaktor 0,04143

Tafel 46.

Buchen- und Hainbuchen-Niederwald.

V. Bodenklasse.

Alter.	Holzmasse. Cbfß.	Durchschnittszuwachs, Zuwachsprocent, normaler Vorrath und Nutzungsfaktor.	Alter.	Holzmasse. Cbfß.	Durchschnittszuwachs, Zuwachsprocent, normaler Vorrath und Nutzungsfaktor.
1	10	Im 5ten Jahre:	21	271	Im 25sten Jahre:
2	21	Durchschn.-Zuw. 12 C'	22	280	Durchschn.-Zuw. 12,2 C'
3	33	Zuwachsprocent 30,4	23	288	Zuwachsprocent 2,7
4	46	Norm. Vorrath 170 C'	24	296	Norm. Vorrath 4228 C'
5	60	Nutzungsfaktor 0,35294	25	304	Nutzungsfaktor 0,07190
6	74	Im 10ten Jahre:	26	312	Im 30sten Jahre:
7	88	Durchschn.-Zuw. 13,2 C'	27	319	Durchschn.-Zuw. 11,3 C'
8	102	Zuwachsprocent 12,8	28	326	Zuwachsprocent 2,1
9	117	Norm. Vorrath 683 C'	29	333	Norm. Vorrath 5858 C'
10	132	Nutzungsfaktor 0,19327	30	340	Nutzungsfaktor 0,05804
11	147	Im 15ten Jahre:	31	347	Im 35sten Jahre;
12	163	Durchschn.-Zuw. 13,9 C'	32	353	Durchschn.-Zuw. 10,6 C'
13	179	Zuwachsprocent 7,2	33	359	Zuwachsprocent 1,4
14	195	Norm. Vorrath 1576 C'	34	365	Norm. Vorrath 7652 C'
15	209	Nutzungsfaktor 0,13261	35	370	Nutzungsfaktor 0,04835
16	222	Im 20sten Jahre:	36	375	Im 40sten Jahre:
17	233	Durchschn.-Zuw. 13,1 C'	37	380	Durchschn.-Zuw. 9,8 C'
18	243	Zuwachsprocent 3,6	38	384	Zuwachsprocent 0,8
19	253	Norm. Vorrath 2789 C'	39	388	Norm. Vorrath 9570 C'
20	262	Nutzungsfaktor 0,09394	40	391	Nutzungsfaktor 0,04086

Tafel 47.

Haseln, Aspen, Linden, Weiden.

I. Bodenklasse.

Alter.	Holz-masse. Cbfß.	Durchschnittszuwachs, Zuwachsprocent, normaler Vorrath und Nutzungsfaktor.	Alter.	Holz-masse. Cbfß.	Durchschnittszuwachs, Zuwachsprocent, normaler Vorrath und Nutzungsfaktor.
1	38	Im 5ten Jahre:	11	435	Im 15ten Jahre:
2	78	Durchschn.=Zuw. 40 C'	12	466	Durchschn.=Zuw. 36 C'
3	118	Zuwachsprocent 25,8	13	494	Zuwachsprocent 4,0
4	159	Norm. Vorrath 593 C'	14	519	Norm. Vorrath 4654 C'
5	200	Nutzungsfaktor 0,33727	15	540	Nutzungsfaktor 0,11603
6	241	Im 10ten Jahre:	16	558	Im 20sten Jahre:
7	282	Durchschn.=Zuw. 40 C'	17	572	Durchschn.=Zuw. 30 C'
8	322	Zuwachsprocent 10,5	18	583	Zuwachsprocent 1,4
9	362	Norm. Vorrath 2200 C'	19	592	Norm. Vorrath 7559 C'
10	400	Nutzungsfaktor 0,18182	20	600	Nutzungsfaktor 0,07938

Tafel 48.

Haseln, Aspen, Linden, Weiden.

II. Bodenklasse.

1	31	Im 5ten Jahre:	11	358	Im 15ten Jahre:
2	64	Durchschn.=Zuw. 33 C'	12	384	Durchschn.=Zuw. 30 C'
3	97	Zuwachsprocent 26,0	13	408	Zuwachsprocent 4,7
4	131	Norm. Vorrath 488 C'	14	430	Norm. Vorrath 3845 C'
5	165	Nutzungsfaktor 0,33811	15	450	Nutzungsfaktor 0,11704
6	199	Im 10ten Jahre:	16	467	Im 20sten Jahre:
7	233	Durchschn.=Zuw. 33 C'	17	480	Durchschn.=Zuw. 25 C'
8	266	Zuwachsprocent 10,4	18	488	Zuwachsprocent 1,0
9	299	Norm. Vorrath 1815 C'	19	495	Norm. Vorrath 6275 C'
10	330	Nutzungsfaktor 0,18182	20	500	Nutzungsfaktor 0,07968

Tafel 49.

Haseln, Aspen, Linden, Weiden.

III. Bodenklasse.

Alter.	Holz-masse. Cbfß.	Durchschnittszuwachs, Zuwachsprocent, normaler Vorrath und Nutzungsfaktor.	Alter.	Holz-masse. Cbfß.	Durchschnittszuwachs, Zuwachsprocent, normaler Vorrath und Nutzungsfaktor.
1	25	Im 5ten Jahre:	11	292	Im 15ten Jahre:
2	52	Durchschn.-Zuw. 27 C'	12	312	Durchschn.-Zuw. 24 C'
3	79	Zuwachsprocent 26,2	13	330	Zuwachsprocent 4,0
4	107	Norm. Vorrath 398 C'	14	346	Norm. Vorrath 3125 C'
5	135	Nutzungsfaktor 0,33920	15	360	Nutzungsfaktor 0,11520
6	163	Im 10ten Jahre:	16	372	Im 20sten Jahre:
7	191	Durchschn.-Zuw. 27 C'	17	382	Durchschn.-Zuw. 20 C'
8	218	Zuwachsprocent 10,2	18	390	Zuwachsprocent 1,0
9	245	Norm. Vorrath 1485 C'	19	396	Norm. Vorrath 5065 C'
10	270	Nutzungsfaktor 0,18182	20	400	Nutzungsfaktor 0,07897

Tafel 50.

Haseln, Aspen, Linden, Weiden.

IV. Bodenklasse.

1	18	Im 5ten Jahre:	11	216	Im 15ten Jahre:
2	38	Durchschn.-Zuw. 20 C'	12	230	Durchschn.-Zuw. 17,3 C'
3	58	Zuwachsprocent 26,6	13	242	Zuwachsprocent 3,2
4	79	Norm. Vorrath 293 C'	14	252	Norm. Vorrath 2300 C'
5	100	Nutzungsfaktor 0,34130	15	260	Nutzungsfaktor 0,11304
6	121	Im 10ten Jahre:	16	267	Im 20sten Jahre:
7	142	Durchschn.-Zuw. 20 C'	17	272	Durchschn.-Zuw. 14 C'
8	162	Zuwachsprocent 9,9	18	276	Zuwachsprocent 0,7
9	182	Norm. Vorrath 1100 C'	19	278	Nrm. Vorrath 3673 C'
10	200	Nutzungsfaktor 0,18182	20	280	Nutzungsfactor 0,07623

Tafel 51.

Haseln, Aspen, Linden, Weiden.

V. Bodenklasse.

Alter.	Holzmasse. Cbfß.	Durchschnittszuwachs, Zuwachsprocent, normaler Vorrath und Nutzungsfaktor.	Alter.	Holzmasse. Cbfß.	Durchschnittszuwachs, Zuwachsprocent, normaler Vorrath und Nutzungsfaktor.
1	13	Im 5ten Jahre:	11	162	Im 15ten Jahre:
2	28	Durchschn.-Zuw. 15 C'	12	171	Durchschn.-Zuw. 12,2 C'
3	43	Zuwachsprocent 27,1	13	177	Zuwachsprocent 1,1
4	59	Nrm. Vorrath 218 C'	14	181	Norm. Vorrath 1696 C'
5	75	Nutzungsfaktor 0,34404	15	183	Nutzungsfaktor 0,10790
6	91	Im 10ten Jahre:	16	184	Im 20sten Jahre:
7	106	Durchschn.-Zuw. 15 C'	17	184	Durchschn.-Zuw. 9 C'
8	121	Zuwachsprocent 10,3	18	183	Zuwachsprocent — 1,1
9	136	Norm. Vorrath 822 C'	19	182	Norm. Vorrath 2609 C'
10	150	Nutzungsfaktor 0,18248	20	180	Nutzungsfaktor 0,06899

Tafel 32.

Vergleichung der Massen- und Werth-Nutzungsfaktoren für Buchen I. Bodenklasse.

Alter.	Massenwerth eines Morg. thl.	sg.	Werth des normalen Vorraths. thlr.	sg.	Massennutzungsfaktor.	Werthnutzungsfaktor.
10	5	2	23	11	0,21683	0,21683
20	14	8	122	6	0,11675	0,11675
30	26	1	327	1	0,07960	0,07960
40	42	—	680	14	0,06027	0,06172
50	57	20	1185	3	0,04801	0,04866
60	86	13	1960	22	0,03984	0,04408
70	106	22	2936	11	0,03394	0,03635
80	150	15	4327	17	0,02958	0,03478
90	176	9	5974	4	0,02617	0,02951
100	216	11	8012	16	0,02340	0,02700
110	243	8	10325	4	0,02105	0,02356
120	302	5	13215	20	0,01906	0,02286

Bemerkungen.

Diese und die folgende Tafel sollen ein Beispiel geben, wie der mit dem Alter steigende Werth des Holzes auf den Nutzungsfaktor einwirken kann. Zu diesem Zweck sind neben den Massen-Nutzungsfaktoren der I. und II. Tafel die Nutzungsfaktoren des Werthes zusammengestellt worden, welche sich aus folgenden angenommenen Werths- und Sortimentsverhältnissen ergeben haben: bis 20 Jahre Reisholz à 30 C' p. Schock à 1 Thlr. — 40 Jahre: 20% Knüppel à 60 C' p. Klafter à 2 Thlr. 15 Sgr. — 60 Jahre: 20% Kloben à 70 C' p. Klafter à 4 Thlr., 30% Knüppel, 50% Reisholz. — 80 Jahre: 50% Kloben, 30% Knüppel, 20% Reisholz. — 100 Jahre: 5% Nutzholz à 80 C' p. Klafter à 8 Thlr., 50% Kloben, 30% Knüppel, 15% Reisholz. — 120 Jahre: 10% Nutzholz 10 Thlr. p. Klafter, 55% Kloben, 20% Knüppel, 15% Reisholz. — Die Berechnung auf Grund dieser Annahme ist so geführt, daß, vom 20sten Jahre an, für das erste Jahrzehend jedes 20jährigen Abschnitts der vorhergehende Satz, für das zweite Jahrzehend der folgende Satz des Werths- und Sortimentsverhältnisses angewandt worden. Hätte man, was jedoch für den vorliegenden Zweck unnöthig war, die Werthverhältnisse nach 10jährigen Abschnitten regulirt, so würde sich eine noch regelmäßigere Veränderung der Differenzen zwischen Massen- und Werth-Nutzungsfaktoren herausgestellt haben.

Tafel 53.

Vergleichung der Massen- und Werth-Nutzungsfaktoren für Kiefern I. Bodenklasse.

Alter.	Massenwerth eines Morg. thl.	sg.	Werth des normalen Vorraths. thlr.	sg.	Massennutzungsfaktor.	Werthnutzungsfaktor.	Bemerkungen.
10	4	3	21	12	0,19237	0,19237	20 Jahre: Reisholz à 30 C' p. Schock à 15 Sgr. 40 Jahre: 50% Knüppel à 60 C' p. Klafter à 2 Thlr., 50% Reisholz à 50 C' p. Schock à 15 Sgr. 60 Jahre: 25% Kloben à 70 C' p. Klafter à 3 Thlr., 50% Knüppelholz, 25% Reisholz. 80 Jahre: 25% Nutzholz à 80 C' p. Klafter à 6 Thlr. 10 Sgr., 50% Kloben, 15% Knüppel, 10% Reisholz. 100 Jahre: 30% Nutzholz à 80 C' p. Klafter à 8 Thlr., 55% Kloben, 10% Knüppel, 5% Reisholz. 120 Jahre: 35% Nutzholz, 9 Thlr. 15 Sgr. p. Klafter, 50% Kloben, 10% Knüppel, 5% Reisholz. In Betreff der Rechnung gilt die Bemerkung zur vorigen Tafel.
20	9	17	91	24	0,10439	0,10439	
30	15	24	221	9	0,07139	0,07139	
40	29	13	475	6	0,05437	0,06194	
50	38	22	820	15	0,04368	0,04721	
60	66	1	1425	5	0,03613	0,04633	
70	77	17	2149	22	0,03039	0,03608	
80	139	16	3469	26	0,02606	0,04021	
90	155	1	4951	20	0,02268	0,03131	
100	205	8	6930	1	0,01995	0,02962	
110	220	3	9065	9	0,01772	0,02428	
120	271	22	11714	12	0,01588	0,02320	

Tafel

Zusammen-

einiger Reduktionsfaktoren

Länder.	Kubikfuß		Morgen	
	Fremde in preußische.	Preußische in fremde.	Fremde in preußische.	Preußische in fremde.
Anhalt	1	1	1	1
Baden	0,8733	1,1450	1,4100	0,7092
Bayern	0,8042	1,2435	1,3345	0,7493
Braunschweig	0,7516	1,3304	1,3064	0,7655
Dänemark	1	1	2,1605	0,4629
England	0,9159	1,0918	1,5849	0,6309
Frankfurt	0,7457	1,3410	1,2751	0,7843
Frankreich	32,346	0,0309	3,9166	0,2553
Hannover	0,8061	1,2405	1,0265	0,9741
— —	—	—	1,3687	0,7306
Großherzogth. Hessen.	0,5054	1,9786	0,9792	1,0213
Kurfürstenth. Hessen .	0,7703	1,2983	0,9347	1,0698
(Fulda)	0,7322	1,3657	0,7221	1,3848
Mecklenburg Schwerin	0,7606	1,3148	—	—
Nassau	0,8733	1,1450	0,9792	1,0213
Oesterreich	1,0216	0,9788	2,2542	0,4436
Polen	0,7727	1,2942	2,1928	0,4560
Rußland	0,9159	1,0918	4,2789	0,2337
Sachsen	0,7346	1,3613	2,1675	0,4614
S. Weimar	0,7252	1,3789	1,1161	0,8960
Schweden	0,8466	1,1813	1,9334	0,5172
Württemberg	0,7606	1,3148	1,2344	0,8101

54.

stellung
für forstliche Maaße.

Kubikfuß auf einem Morgen.		Bemerkungen.
Fremde in preußische.	Preußische in fremde.	
1	1	
0,6194	1,6145	
0,6026	1,6595	Tagewerk.
0,5754	1,7380	Waldmorgen.
0,4629	2,1605	Geometrische Tonnen.
0,5779	1,7305	Acre.
0,5848	1,7098	Werkschuh und Waldmorgen.
8,2586	0,1211	Stères und Hectares.
0,7853	1,2735	Hann. Morgen à 120 Quadrat-Ruthen.
0,5889	1,6980	Kalenberger Morgen à 160 Quadrat-Ruthen.
0,5162	1,9374	
0,8241	1,2135	Kurhess. Cubikfuß und Cass. Acker.
1,0140	0,9862	Hundeshagen.
0,8958	1,1163	Auf 100 mecklenb. Quadrat-Ruthen.
0,8919	1,1212	Werkfuß à 0,3 Mètre.
0,4532	2,2064	Joch.
0,3524	2,8379	Morgen à 300 Quadrat-Ruthen.
0,2140	4,6719	Kron-Dessätinen à 2400 Quadrat-Faden.
0,3389	2,9506	Acker à 300 Quadrat-Ruthen.
0,6498	1,5390	Acker à 140 Quadrat-Ruthen.
0,4379	2,2838	Tonnen à 14000 Quadrat-Ellen.
0,6161	1,6230	

In dem Taschenbuch der Maaß- und Gewichtskunde von F. W. Schneider, Berlin 1839, aus welchem die vorstehenden Reduktionsfaktoren (excl. der Mecklenburgischen) entnommen worden, finden sich auch noch die anderen den Forstmann interessirenden Vergleichungen, als: Preis eines laufenden Fußes, Preis oder Kulturkosten p. Morgen, Preis eines Cubikfußes, Klafter (Malter, Stecken ꝛc.), Preis einer Klafter, Scheffel p. Morgen, Pfunde p. Scheffel, Pfunde p. Morgen. — Den obigen Angaben über Mecklenburg-Schwerin liegt der mecklenb. Werkfuß von 127, und der Feldfuß (16 = 1 Ruthe) von 129 pariser Linien (angeblich der lübeckſche) zum Grunde.

Gedruckt bei Julius Sittenfeld in Berlin.

FSC
www.fsc.org
MIX
Papier | Fördert
gute Waldnutzung
FSC® C083411

Kolibri 360 GmbH
Ferdinand-Jühlke-Straße 7
99095 Erfurt, Deutschland
produktsicherheit@kolibri360.de